Günter Huth
Der *Schoppenfetzer*
und seine weinfränkischen
Wengertsgschichtli

W0191323

Günter Huth wurde 1949 in Würzburg geboren und lebt seitdem in seiner Geburtsstadt. Er kann sich nicht vorstellen, in einer anderen Stadt zu leben. Er ist von Beruf Rechtspfleger (Fachjurist), verheiratet, drei Kinder. Seit 1975 schreibt er in erster Linie Kinder- und Jugendbücher, Sachbücher aus dem Hunde- und Jagdbereich (ca. 60 Bücher). Außerdem hat er bisher Hunderte Kurzerzählungen veröffentlicht. In den letzten Jahren hat er sich vermehrt dem Genre Krimi zugewandt und in diesem Zusammenhang bereits einige Kriminalerzählungen veröffentlicht. 2003 kam ihm die Idee für einen Würzburger Regionalkrimi. „Der Schoppenfetzer" war geboren.

In der Folgezeit erschien die Trilogie mit lustigen Schoppen-Gschichtli:
– *Der Schoppenfetzer und seine weinfränkischen Stammtischgschichtli*
– *Der Schoppenfetzer und seine weinfränkischen Kellergschichtli*
– *Der Schoppenfetzer und seine weinfränkischen Wengertsgschichtli*

Der Autor ist Mitglied der Kriminalschriftstellervereinigung „Das Syndikat".

Günter Huth
Der *Schoppenfetzer* und seine weinfränkischen Wengertsgschichtli

Für Lorenz zum
80. Geburtstag

Deine Nachbarn
Kurt + Angela Jäger

echter

Liebe Schoppenfetzer,

jetzt ist er da, der dritte Band der „Gschichtli-Trilogie"
rund um den unterfränkischen Weingenießer-Stamm-
tisch *Die Schoppenfetzer"* aus Würzburg. Begleiten Sie
die Stammtischbrüder des ehemaligen Ersten Kriminal-
hauptkommissars Erich Rottmann und seines Hundes
Öchsle bei der Weinlese in den verschiedenen Weinlagen Unterfrankens, bei der in den Vesperpausen oder
am Ende der Lese nach der „letzten Fuhre" immer reich-
lich Wein gereicht wird. Dieser wiederum weckt bei den
Herren regelmäßig die Erinnerung an lustige Schnorren
und Episoden aus dem mainfränkischen Weinland, die
sie bei diesen Gelegenheiten gerne zum Besten geben.

Jede Episode habe ich Weinorten meiner näheren
Heimat gewidmet, in denen ich bereits einmal die Freu-
de hatte, eine Lesung halten zu dürfen. Die Auflistung
der Orte ist selbstverständlich nicht vollständig und von
mir willkürlich herausgegriffen. Ich hatte das Vergnügen,
auch noch in viele andere Orten eingeladen gewesen zu
sein, deren Nennung in der Gesamtheit allerdings den
Rahmen dieses Büchleins gesprengt hätte.

Man möge es einem Krimi-Autor nachsehen, dass er es leider nicht ganz unterlassen konnte, seine teilweise mörderischen Fantasien auch zwischen Reben und Träubeln auszuleben. Selbstverständlich wäre ein tatsächlicher Bezug der Episoden und der darin handelnden Personen zu den namentlich erwähnten Weinorten und deren Bewohnern rein zufällig und keinesfalls beabsichtigt.

Ich wünsche allen Schoppenfetzern auch beim dritten Band viel Spaß beim Lesen! Sicher muss ich nicht eigens darauf hinweisen, dass sich die Wengertsgschichtli am besten mit einem schönen Schoppen Frankenwein genießen lassen.

Zum Wohlsein!

Euer
Günter Huth

Inhalt

WÜRZBURG – ca. 135 000 Einwohner, Sitz der Regierung von Unterfranken, Bischofssitz, seit Jahrhunderten Zentrum und Metropole des unterfränkischen Weinanbaus. Die Stadt hat drei große Weingüter: das Juliusspital, benannt nach seinem Gründer, dem Fürstbischof Julius Echter von Mespelbrunn (*18. März 1545, †13. September 1617), das Bürgerspital zum Hl. Geist, das auf eine Stiftung des Johann von Steren zurückgeht, und den Staatlichen Hofkeller, das drittgrößte Weingut in Deutschland, das sich im Besitz des Freistaates Bayern befindet. Der Weinkeller des Staatlichen Hofkellers, der sich unter der Residenz befindet, wurde zusammen mit dieser zum Weltkulturerbe erhoben. Daneben gibt es noch zahlreiche größere und kleinere private Weingüter, deren Erzeugnisse in nichts denen der Großen nachstehen. In allen Würzburger Weingütern werden ausgezeichnete Weine ausgebaut, die die Stadt und den Frankenwein weit über die Grenzen des Landes hinaus bekannt gemacht haben.

Es ist keine Frage, dass es den honorigen Mitgliedern des Stammtisches „Die Schoppenfetzer" zur Ehre gereicht, wenn sie von einem dieser Weingüter zur Lese eingeladen werden. Es ist für jeden der Stammtischmitglieder immer wieder ein besonderes Erlebnis, wenn sie von den Hängen der Weinberge in das Maintal hinunterblicken und ihre Heimatstadt im Glanz der wohlmeinenden Sonne unter sich liegen sehen können.

Alle Weingüter reichen ihren Lesehelfern in den Pausen gern eine kräftige Brotzeit, die gemäß alter Tradition auf den Weinbergswegen eingenommen wird. Dazu gibt es einen kräftigenden Tischwein, der die Lebensgeister erfrischt und Kräfte für die anstrengende Lese in den Steilhängen reaktiviert.

Bei einem derartigen Ereignis war es Dr. Horst Ritter, ehemaliger Leiter der Würzburger Staatsanwaltschaft, dem beim Blick hinunter auf die Alte Mainbrücke eine Episode einfiel, die er seinen Tischgenossen gern zum Besten gab.

„Ich war damals Strafrichter beim Amtsgericht Würzburg. Eines Tages flatterte mir eine Anklage der Staatsanwaltschaft auf den Tisch, in der eine bis dato ehrenwerte Würzburger Bürgerin wegen Versuchs der gemeinschädlichen Sachbeschädigung angeklagt worden war. Eine Anklage, die mich zuerst irritierte und am Ende amüsierte. Ich habe das Verfahren dann am Ende, nach Aufklärung des wahren Sachverhalts, eingestellt. Dieser Anklage lag folgendes Geschehen zugrunde …"

Der kleine Finger des Hl. Kilian

Es war kurz vor vier Uhr morgens, ein Zeitpunkt, zu dem auch dem Polizeibeamten in der Einsatzzentrale der Polizeidirektion Würzburg gelegentlich die Augenlider herunterglitten. Besonders in einer Nacht wie der heutigen, in der nicht besonders viel los war. Als dann das Telefon doch schrillte, schreckte der Wachhabende hoch, fuhr sich kurz mit der Hand über das Gesicht und griff zum Hörer.

„Herr Wachtmeister", kam eine atemlose männliche Stimme aus dem Hörer, „kommen Sie schnell zur Alten Mainbrücke, da steht eine Verrückte auf einer Leiter und will dem Heiligen Kilian an die Wäsche!"

Polizeihauptmeister Rössler atmete einmal tief durch, dann sorgte die spontan auftretende Verärgerung mit einem Adrenalinausstoß dafür, dass seine Müdigkeit vollständig verflog. Wieder so ein Spinner, der nichts Besseres zu tun hatte, als die Polizei mit einem blödsinnigen Anruf zu ärgern.

„Ihr Name bitte", forderte er in amtlichen Ton. „Von wo rufen Sie an."

„Mein Name spielt doch keine Rolle", erwiderte der Anrufer knapp. „Ich bin gerade mit dem Fahrrad über die Alte Mainbrücke gefahren, da habe ich die Frau gesehen. Ich bin gleich zur nächsten Telefonzelle in der Domstraße gefahren, um Sie zu verständigen. Wenn wir aber noch lange quatschen, ist sie wieder weg. Das ist wirklich kein Spaß."

Rössler war klar, dass er aus dem Mann nicht mehr herausbekommen würde. „Bleiben Sie bitte vor Ort, ich werde eine Polizeistreife hinschicken", erklärte er, dann legte er auf und griff zum Mikrofon, das vor ihm aus einem Pult aufragte. Es hatte in der Vergangenheit immer wieder Übergriffe angetrunkener Jugendlicher gegeben, die sich an den Heiligenfiguren auf der Alten Mainbrücke vergriffen. Ein paar Mal waren Finger der Figuren abgebrochen oder Schwerter, die diese teilweise in den steinernen Händen hielten, entwendet worden.

Wenig später machte sich eine Autostreife, die in der Semmelstraße unterwegs gewesen war, auf den Weg zum vermeintlichen Tatort.

Als die beiden Beamten mit dem Wagen auf die um diese Nachtzeit menschenleere Alte Mainbrücke fuhren, sahen sie sofort die Leiter, die an der Figur des Heiligen Kilian angelehnt stand. Darauf eine Frau, die sich dort zu schaffen machte.

Die Streifenbeamten stiegen aus und näherten sich langsam dem Schauplatz des Geschehens. Die Frau war offenbar so beschäftigt, dass sie die beiden erst bemerkte, als die Polizisten sie mit ihren Taschenlampen anleuchteten und einer dabei ein hörbares „Was machen Sie denn da?" in gut verständlicher Amtslautstärke hören ließ.

Sie erschrak so, dass sie auf der Leiter zu wanken begann. Nur durch die schnelle Reaktion eines der Polizisten, der hinzusprang und die Leiter festhielt, konnte ein Sturz verhindert werden.

„Kommen Sie sofort da runter", forderte der andere Beamte.

Die Frau hantierte an einem Rucksack, dann warf sie ihn sich auf den Rücken und tastete sich vorsichtig von Sprosse zu Sprosse die Leiter hinunter, bis sie schwer atmend auf dem Boden stand.

„Würden Sie uns bitte mal erklären, was das soll?" Die beiden Amtspersonen sahen die Frau streng an. „Können Sie sich ausweisen?" Noch immer waren die Taschenlampen auf das sichtlich erregte Gesicht gerichtet.

Die Frau war eine durchaus gepflegte Erscheinung mittleren Alters, gekleidet mit Jeans und einer Jacke aus demselben Stoff. Eine Person, der man als gewöhnlicher Mann bei Tage durchaus einen zweiten Blick gewidmet hätte. In dieser Situation waren die beiden Herren natürlich ganz neutrale Amtspersonen, die für weibliche Reize keinen – zumindest keinen offiziellen – Blick hatten.

Sie tat so, als würde sie den Rucksack vom Rücken holen, dann duckte sie sich plötzlich weg und spurtete in Richtung Grafeneckart davon. Die beiden Polizisten waren so überrascht, dass sie einen Augenblick völlig verdattert stehenblieben. Als sie die Schrecksekunde überwunden hatten, kam Bewegung in ihre Gestalten. Hastig eilten sie der Flüchtigen hinterher, wobei sie riefen: „Bleiben Sie doch stehen! Das ist doch sinnlos!"

Doch die Frau entwickelte eine erstaunliche Schnelligkeit. Ehe die beiden Polizisten ihren Streifenwagen erreicht hatten, war sie schon in der Langgasse verschwunden.

„Sepp, lauf du ihr hinterher", kommandierte Polizeikommissar Wellenbach. „Ich fordere weitere Streifenwagen an. Wir müssen ihr den Weg abschneiden." Er hastete zum Streifenwagen.

Polizeihauptmeister Josef Brückner nickte und spurtete los. Sein Kollege hatte im Laufe seiner zahlreichen Dienstjahre am mittleren Ring ordentlich zugelegt. Er wäre also einer Verfolgungsjagd sowieso nicht gewachsen gewesen. Im Spurt rannte Brückner die Langgasse hoch und kam am Unteren Markt heraus. Die Flüchtende hatte mittlerweile den Eingang zur Tiefgarage unter dem Marktplatz erreicht und war gerade dabei, im Untergrund zu verschwinden. Brückner blieb stehen und ergriff sein Funkgerät. Heftig atmend gab er seinen Standort durch und forderte die Einsatzzentrale auf, die Ausfahrten der Tiefgarage durch Kollegen überwachen zu lassen, weil die Täterin offenbar mit einem Fahrzeug fliehen wollte. Dann hastete er hinterher.

Er hatte gerade die erste Ebene der Tiefgarage erreicht, als er auch schon Schmerzenslaute hörte. Vorsichtig, die Hand an der Dienstwaffe, näherte er sich dem Geräusch. Die Verfolgte stand mit verzogenem Gesicht neben dem Zahlautomaten an die Wand gelehnt und hielt sich keuchend den rechten Knöchel.

„Das war's wohl", erklärte Brückner und zog langsam die Handschellen aus dem Gürtel. „Haben Sie sich verletzt?"

„Ich bin … uff dere Treppe … irchendwie umgeknickt", stieß sie hervor.

„Künstlerpech", gab Brückner lakonisch zurück und führte das Funkgerät zum Mund. „Ihr könnt die Aktion abblasen. Ich habe die Dame in der Tiefgarage festgenommen. Wir benötigen einen Notarzt zum Ausgang am Unteren Markt. Sie hat sich am Knöchel verletzt."

Die Einsatzzentrale bestätigte, dann ließ Brückner die Handschellen klicken. „Sicher ist sicher", erklärte er augenzwinkernd, „damit es keine plötzliche Spontanheilung gibt". Dann half er der Verletzten die Treppe hinauf.

Nach der ärztlichen Versorgung saß die Festgenommene wenig später vor dem Schreibtisch des diensthabenden Kriminalbeamten. Aufgrund ihres Personalausweises hatte man festgestellt, dass sie Susanne Teichmann hieß und in Würzburg oben auf der Keesburg wohnte. Damit standen ihre Personalien fest. Als der Beamte sie jedoch zum Tatvorwurf befragen wollte, verweigerte sie die Aussage. So sehr sich der Mann auch bemühte, die Frau blieb stumm wie ein Fisch. Schließlich gab er auf. Er ließ sie das Protokoll unterschreiben und erklärte ihr, dass es eine Anzeige wegen versuchter Sachbeschädigung und Widerstands gegen Vollstreckungsbeamte geben würde. Die Polizei hatte mittlerweile die Leiter am Kilian entfernt, an dem sie keine Beschädigungen festgestellt hatten. Die Aktion der Frau blieb ein Rätsel.

Dr. Ritter nahm einen Schluck vom Wein, dann fuhr er in seiner Erzählung fort.

Einen Monat später hatte ich die Anklage auf dem Tisch. Wegen der standhaften Weigerung der Beschuldigten, eine Aussage zu machen, wollte die Staatsanwaltschaft die Angelegenheit in einer öffentlichen Verhandlung klären.

Diese Vorgehensweise war dann offenbar der Grund, weshalb sich Frau Teichmann bei mir meldete und erklärte, sie wolle nun doch eine Aussage machen. Nachdem ich vor Zulassung der Anklage eine Prüfungspflicht hatte, ob die Anklage zugelassen werden soll, lud ich die Frau vor und gab ihr Gelegenheit, die Sache aufzuklären. Sie war ziemlich aufgeregt, wie sie so vor meinem Schreibtisch saß.

„Nun erzählen sie mal, wie sie dazu gekommen sind, mitten in der Nacht an unserem Heiligen Kilian hochzuklettern."

Sie druckste etwas herum, dann sagte sie: „Sie werden's nit glaubn, awwer des lach an dene Meefischli."

Ich sah sie verständnislos an. Natürlich wusste ich, was Meefischli waren, was das aber mit der angezeigten Aktion zu tun hatte, konnte ich mir nun beim besten Willen nicht erklären.

„Sie müsse mer awwer versprech, dass Se nix meim Mann erzähle und dass a die Presse nix erfährt. Ich schäm mich sonst zu Tot."

Ich sagte ihr, dass das ganz von ihrer Erklärung abhängen würde. Darauf begann sie zu reden.

„Na ja, die Sach fing damit an, dass wir uns in unsern Freundeskreis drüber gstritte ham, wie groß Meefischli sein dürfte und ob mer se ausnimmt oder mit Kopf, Schwanz und allem drum und dran verspeist."

Meefischli waren kleine Fische aus dem Main, die man gebacken durchaus als mainfränkische Spezialität bezeichnen durfte. Ich hatte auch schon mal das Vergnügen, welche zu essen. Jetzt war ich wirklich gespannt, was die Meefischli mit der Aktion am Heiligen Kilian zu tun hatte.

„Mir warn uns darin einich, dass des von der Größe von dene Fischli abhängt. Enner von unsere Gäste hat dann gsacht, dass die Fischli nit größer sei dürfe als dem Heiliche Kilian uff der Alte Meebrück sein klenne Finger. Kenner hat awwer gewusst, wie lang der klenne Finger von dem Heiliche jetzt is. Un weil mer halt scho a paar Schoppe ghabt ham, hab ich angäwe un hab gsacht, dass ich des rausfind un dass es dann bei mir dahemm Meefischli nach Originalrezept gäbn wird."

„Und da sind Sie dann auf die Idee gekommen auf die Alte Mainbrücke zu fahren …"

„Jaaa. Zuerst hab ich versucht, die Maße von dem klenne Finger wo anners herzu krieche. Nit a mal im Museum owe in der Festung ham se mers sach könn. Da hab ich mer halt a Ledder schnappt und bin am Heiliche hochstieche. Ich hab gedacht, Mitte in der Nacht merkt des kenner. Awwer, kaum war ich owe, sinn a scho die Poliziste komme. Des war mer vielleicht peinlich! Wenn mei Freund von meinere Verhaftung hörn, lache die sich krumm und deppich! Deshalb bin ich dene Poliziste a davon gerennt."

Ich musste mir wirklich große Mühe geben, um einigermaßen ernst zu bleiben. So eine Story hatte ich wirklich noch nicht gehört. „Wissen Sie jetzt wenigstens, wie lang der kleine Finger des Heiligen ist?" wollte ich wissen.

Sie nickte mit dem Kopf. „Ich habs mit meim Schneidermetermaß gemesse. Es sinn ziemlich genau 12 Zentimeter." Sie sah mich hoffnungsvoll an. „Kann mer da wirklich nix mach, dass ich nit öffentlich vor Gericht muss?"

Ich zweifelte keinen Augenblick an der Wahrheit dessen, was sie mir berichtet hatte. Hier eine Anklage durchzuziehen, wäre wirklich mit Kanonen auf Spatzen geschossen. Sie erhielt meine Zusage, dass ich mir die Sache noch einmal durch den Kopf gehen lassen würde. Eine Woche später habe ich das Verfahren dann gegen eine kleine Geldbuße eingestellt.

Etwas später wurde ich zu einem Meefischli-Essen eingeladen. Von der Hausfrau habe ich mir dann das Rezept geben lassen.

Zutaten:
1 kg Meefischli
Zitronensaft oder Essig
Salz
1 Msp. Zimt
2 EL Mehl
Fett
1 Zitrone
1 Bund Petersilie

Zubereitung:
Die Meefischli (schuppen und ausnehmen =
Version für Warmduscher), waschen, salzen
und mit Zitronensaft oder Essig beträufeln.
Etwa eine Stunde ziehen lassen.
Dann in Mehl, das mit dem Zimt vermischt
wurde, wenden und in siedend heißem Fett
goldgelb und knusprig ausbacken.
Mit Zitrone und Petersilie garnieren.
Dazu reicht man einen saftigen, noch lau-
warmen Kartoffelsalat und einen trockenen
Frankenwein.

Hin und wieder setzen sich die Mitglieder des Stammtisches „Die Schoppenfetzer" auch den Strapazen der Leser an den steilen Hängen des Festungsberges aus. Da die Herren ja durchaus gesetzteren Alters sind und ihre sportlichen Aktivitäten sich üblicherweise auf das zügige einarmige Heben eines Schoppenglases beschränken, ging ihnen diese Arbeit ziemlich an die Substanz. Hier waren dann schon häufigere Pausen angesagt. Xaver Marschmann, der noch genug Atem hatte, ließ es sich nicht nehmen, zur Regenerierung eine Geschichte zum Besten zu geben. Wobei er ausdrücklich darauf hinwies, dass er keinerlei Vorurteile gegen Menschen aus dem hohen Norden hegt …

Der Weinkenner

Olaf Berberbeek, in Hamburg lebend und arbeitend, war ein überzeugter, um nicht zu sagen passionierter Biertrinker. Geografisch ging das völlig in Ordnung, da man im hohen Norden sowieso überwiegend dem Gerstensaft frönt und die Gruppe der Weintrinker sich eher auf eine geschützte Minderheit beschränkt.

Leider war Müller-Rothenfels, sein oberster Chef, der Vorstandsvorsitzende der Firma, für die Berberbeek im mittleren Management arbeitete, ein Mitglied dieser Minderheit und ein Weinenthusiast erster Güte. Dieser Mann, zudem ein Schöngeist und Förderer der Künste, verband Wein mit Kultur und betrachtete ihn als unverzichtbaren Bestandteil jeglichen kulinarischen Genusses.

Diese Haltung des Vorsitzenden führte dazu, dass seine unmittelbaren Mitarbeiter, zu denen auch Berberbeek gehörte, sich gezwungenermaßen veranlasst sahen, ihr Wissen über Wein und Weinkultur auf einem vorzeigbaren Level zu halten, damit sie in Gesprächen mit ihrem Chef nicht völlig blank waren: ein wichtiger

Faktor, beim Karriere-Ranking an vorderster Stelle mithalten zu können.

Müller-Rothenfels' Begeisterung galt ausschließlich den Frankenweinen. Diese Neigung hatte sich bei ihm entwickelt, als er einmal in jungen Jahren ein amouröses Abenteuer mit einer charmanten fränkischen Weinkönigin gehabt hatte, das ihn für sein Leben geprägt hatte.

Berberbeek hatte daher zahlreiche Weinbücher aus Unterfranken in seiner Bibliothek stehen, deren Inhalt er sich mühsam angeeignet hatte. Er verfügte durch diese Studien über eine entsprechende Terminologie, was dazu geführt hatte, dass ihm sein Chef Berberbeek mittlerweile als ausgesprochenen Kenner der Materie einstufte. Ein Umstand, der von seinen Mitkonkurrenten in der Firma äußerst misstrauisch beäugt wurde.

So weit, so gut. Eines Tages sollte sich aber diese Einschätzung seines Chefs schlagartig zu einem massiven Problem für Berberbeek entwickeln. Und das kam so: Der Firma stand das 50jährige Firmenjubiläum bevor. Ein Ereignis, das Berberbeeks Chef dem Anlass entsprechend feiern wollte. Selbstverständlich sollten zu diesem Anlass nur die besten Tropfen aus fränkischen Weinbergen kredenzt werden. Da Müller-Rothenfels selbst keine Zeit hatte, erhielt Berberbeek die ehrenvolle Aufgabe, eine Woche nach Würzburg, in die Metropole unterfränkischer Weinkultur, zu fahren, um dort in den großen Weingütern die entsprechenden Einkäufe zu tätigen. Alles auf Firmenkosten, versteht sich.

So packte Olaf Berberbeek seinen Koffer, buchte in Würzburg ein Hotelzimmer und bestieg den ICE in Richtung Frankenmetropole. Selbstverständlich hatte er sich einige seiner Fachbücher eingepackt, um sein Wissen vor Ort noch einmal aufzupeppen, damit er vor den Weinpäpsten nicht völlig blank dastand. Auf der ganzen Fahrt war er damit beschäftigt, sein Weinwissen zu aktualisieren. Den Schaffnern des Zuges fielen die Lektüre und die intensiven Studien ihres Fahrgastes derselben natürlich auf. Hinzu kam, dass er sich von der Weinkarte des Zugrestaurants den teuersten Frankenwein bestellte, eine Sommeracher Katzenkopf Silvaner Trockenbeerenauslese. Schon bei Hannover waren sich die Zugbegleiter darin einig, dass es sich hier um einen bekannten Sommelier handeln musste, der ihrem Zug die Ehre gab. Bei Fulda war die Trockenbeerenauslese ausverkauft, da wegen der nicht allzu regen Nachfrage nach dem Wein der Vorrat im Zug begrenzt war. Beberbeek war stark angesäuselt, was seinem Optimismus, diese Aufgabe unproblematisch lösen zu können, sehr zugute kam.

In seinem Hotel in Würzburg angekommen, gönnte sich Berberbeek an der Hausbar erst einmal ein ordentliches Bier, um seinen Durst zu löschen. Die Trockenbeerenauslesen waren schon sehr likörmäßig süß gewesen. Dabei nahm er die Gelegenheit wahr und erkundigte sich beim Barmann nach dem Weg zum Staatlichen Hofkeller. Er hatte sich nach reiflicher Überlegung und Abwägung vorgenommen, in diesem führenden

Weingut eine ausführliche Weinverkostung mitzumachen. Nur so konnte er sich, seiner Meinung nach, einen umfassenden Überblick über das Weinangebot verschaffen. Das war zumindest seine Theorie. Und da niemand da war, der ihn hätte eines Besseren belehren können, setzte er seinen Plan auch zeitnah in die Tat um.

Da Berberbeek auf diesem Gebiet Neuland betrat, war er schon ein wenig nervös, als er sich in einem Nebenhof der Würzburger Residenz vor dem Tor zum Gewölbekeller einfand, wo bereits andere Weinenthusiasten auf den Kellermeister warteten, der höchstselbst die Probe veranstalten wollte. Der Gast aus dem hohen Norden war sich sicher, dass er nur im gnadenlosen Selbstversuch Erkenntnisse gewinnen konnte, die es ihm ermöglichten, seinem Chef eine fundierte Begründung für die von ihm getroffene Weinauswahl zu liefern.

Die Probe fand im Stückfasskeller des Staatlichen Hofkellers statt, einem beeindruckenden Kellergewölbe, das aus jedem Winkel zwischen den großen Holzfässern den Hauch der Geschichte ausstrahlte. Insgesamt waren es 28 Teilnehmer, die sich um die aufgestellten Tische versammelten. Da ihm sein Boss aufgetragen hatte, nicht zu sparen, hatte er eine ZwölferProbe mit einem großen Winzerteller als kulinarische Beigabe gebucht.

Olaf Berberbeek nahm sich vor, offen für alles zu sein und stürzte sich in den Probenmarathon.

Der erste Wein, ein junger Silvaner, ließ in ihm schon nach dem zweiten Schluck den plötzlichen Wunsch nach einem kühlen Bier aufkommen, worauf er, in dieser Assoziation gefangen, gedankenlos die restliche Probe in sich hineinschüttete. Strafende Blicke seiner Nachbarn zur Rechten und Linken lösten bei ihm ein verlegenes Grinsen aus. Den Ausführungen des Kellermeisters, dass der Wein eine typisch zitrusgelbe Farbe habe, fruchtig, leicht und ordentlich durchgegoren sei und mit seiner jugendlichen Frische auf der Zunge eine harmonische Säure spüren lasse, konnte er rein theoretisch noch irgendwie folgen. In Wirklichkeit fand er das Gesöff, wie er es bei sich nannte, jedoch ziemlich sauer. Seine Geschmacksknospen hatten noch immer die Trockenbeerenauslese in Erinnerung. Despektierliche Gedanken, die er sich sofort wieder verbot.

Nach der vierten Probe, einem trockenen Rivaner, war er so gelockert, dass er es für angebracht hielt, gegenüber seinen Nachbarn etwas Fachlichkeit aufblitzen zu lassen.

„Dieser Rivaner, wirklich ganz ausgezeichnet", erklärte er. „Bin nur froh, dass sie keinen Müller-Thurgau gebracht haben. Den kann ich überhaupt nicht vertragen." Dabei trug er eine stirngerunzelte Kennermiene zur Schau.

Die an seinen Flügeln sitzenden Schoppenfetzer warfen sich bezeichnende Blicke zu, gingen aber ansonsten in unterfränkischer Toleranz über diese Bemerkung des Mannes großzügig hinweg, der sich durch seine norddeutsche Sprachfärbung eindeutig als Ausländer auswies. Was sollte man da schon erwarten.

Beberbeek kämpfte sich mit gnadenloser Selbstaufgabe durch sämtliche Verkostungen, wobei er verwundert feststellte, dass sich ungefähr ab der sechsten Probe, nachdem er mit gutem Appetit dem Brotzeitteller zugesprochen hatte, bei ihm ein erstaunlicher Wandel vollzog: Plötzlich verlor er jegliche Sehnsucht nach einem Bier! Die Leberwurst, der Schinken und die Rotwurst aus Hausschlachtung mundeten ihm ausgezeichnet. Die sauer eingelegten Gurken rundeten das Geschmackserlebnis hervorragend ab. Berberbeek war der Meinung, dass insbesondere der gereichte Traminer wunderbar mit dem mittelscharfen Senf harmonierte. Als ihm seine Nachbarn empfahlen, nach dem Essen mit Wasser nachzuspülen, lehnte er erbost ab. Sein Chef hatte in solchen Fällen immer den Spruch auf Lager, dass Wasser zum Füßewaschen da sei und nicht zum Trinken. Ein Spruch, den Berberbeek, wie er meinte, heute gekonnt platziert hatte. Das neuerliche Schulterzucken seiner Nachbarn nahm er nicht wahr. Nach der zwölften Probe, als die eigentliche Verkostung beendet war, bot der Kellermeister seinen Gästen an, zur Klärung einer eventuellen Kaufentscheidung in eine der vorausgegangen Weinsorten zurückzuprobieren. Wovon Berberbeek dann auch ausgiebig Gebrauch machte. Es war fast Mitternacht, als zwei kräftige Ausschenker auf Bitten des Kellermeisters den Gast aus dem hohen Norden unterhakten und aus dem Keller transportierten. Sie gingen dabei sehr umsichtig mit dem Mann um, der auf der ausliegenden Bestellliste einen Auftrag ausgefüllt hatte, der den Staatlichen Hofkeller weitgehend aus den roten Zahlen brachte. Sie setzten ihn daher sanft in ein herbeigerufenes Taxi, das den guten Mann in sein Hotel zurückbringen sollte. Der Taxifahrer fuhr ausgesprochen vorsichtig, um unnötige Erschütterungen des Mageninhalts seines Fahrgastes zu vermeiden. Er hatte den Innenraum seines Wagens erst am vergangenen Wochenende gründlich reinigen lassen.

Es war schon erstaunlich: Kaum hatte Berberbeek die Lobby des Hotels betreten, überkam ihn ein tierischer Drang nach einem kühlen, herben Bier. Unter den besorgten Blicken des Nachtportiers wankte er in die Bar, in der sich noch ein paar hartgesottene Zecher am Tresen festhielten. Berberbeek schmiss großzügig eine Lokalrunde, dann strebte er endlich mit Schlangenkurven seinem Zimmer zu.

Er hatte noch eine wichtige Aufgabe zu erledigen, die er gern hinter sich bringen wollte, solange seine Eindrücke frisch waren. In seinem Zimmer angekommen, klappte er unter Aufbietung seiner letzten Kraftreserven seinen Laptop auf und loggte sich in sein E-Mail-Programm ein.

Nachdem er mit einiger Mühe die Mailadresse seines Chefs eingegeben hatte, blieb er einen Augenblick sitzen und konzentrierte sich. Schließlich hackte er mit immer wieder zufallenden Augen und fahrigen Finger folgende Nachricht ins Textfeld:

„Allerwertester Herr Müller-Rothenfels,

wie aufgetragen, habe ich heute nach aufwändigen fachlichen Studien den Wein für unser Betriebsjubiläum geordert. Als da wären 250 Bocksbeutel 2009er Bacchus Spätlese. Ein wunderbarer Wein, der durch seine goldgelbe Farbe, sein ausgereiftes Bouquet und seine hopfige Blume besticht. Sein Aroma nach herber Braugerste und Johannisbeere wird unterstrichen durch eine im Abgang nachhaltige, aber harmonische Note nach Leberwurst, Essiggurke, Senf, Blutwurst und einem Hauch von geräuchertem Hinterschinken.

Ihr ergebenster Olaf Berberbeek"

Mit letzter Kraft schickte er die Nachricht auf die Reise, dann fiel er erschöpft ins Bett und sank in den Schlaf des Gerechten. Über die weitere berufliche Karriere dieses Weinexperten ist leider nichts bekannt.

EIBELSTADT – ca. 3.100 Einwohner, ein Weinort am linken Schenkel des Maindreiecks zwischen Randersacker und Sommerhausen gelegen, verfügt über mehrere ganz bekannte Weinlagen, als da wären: Kapellenberg, Teufelstor, Mönchsleite.

Unsere Stammtischbrüder des Würzburger Stammtisches „Die Schoppenfetzer" waren dieses Jahr von einem bekannten Winzer aus Eibelstadt zur Weinlese eingeladen worden. Eine Einladung, der sie gerne gefolgt waren, war doch die Verköstigung in diesem Weingut in den Pausen bei der Vesper mit hausgeschlachteten Köstlichkeiten und einem ordentlichen Hauswein bestens, wodurch sich die Kräfte der Weinkenner schnell wieder regenerierten.

Klarer Fall, dass diese Unterbrechungen der Lese, bei denen sich die Arbeitskräfte auf Klappbänken an Tischen niederließen, immer dazu geeignet waren, eine kleine Episode aus dem reichen Erfahrungsschatz der Schoppenfetzer zum Besten zu geben.

Am zweiten Tag der Lese saßen die fleißigen Helfer in der Pause zusammen und ließen es sich schmecken, als Erich Rottmann, der sich gerade mit einem ordentlichen Stück Rotem Presssack beschäftigte, innehielt und nachdenklich auf Eibelstadt und den friedlich dahinfließenden Main hinunterblickte. Schließlich stellte er fest: „Wenn ich so auf die Häuser hinunterschaue, muss ich immer an einen Fall denken, der mir in meiner aktiven Zeit ziemlich zu schaffen gemacht hatte. Weil es sich anfänglich um einen ganz normalen Todesfall zu handeln schien, sich dann aber ungeahnte Entwicklungen ergaben ..."

Schlammre sunft

Die sieben Mitglieder des Stammtisches „*Einer geht noch, einer geht noch rein*", fast alles gestandene Winzer des Weindorfes Eibelstadt am Main, saßen bekümmert am runden Tisch in der Ecke ihres Stammlokals „Zum Ross". Vor ihnen stand mitten auf der Tischplatte eine gerahmte Fotografie ihres Stammtischbruders Robert Weingeist. Das Bild war mit einem schwarzen Trauerflor versehen. Die Herren kamen gerade von der Beerdigung ihres Stammtischbruders und gedachten nun seiner, wie es sich gehörte, bei einem ordentlichen Schoppen, wie es auch der Robert bei einem von ihnen gehalten hätte.

„Wer hätt denn des gedacht, dasses den Robert vor mir erwischt", meinte Ignaz Bäuerle, über achtzig, damit ältestes Mitglied des Stammtisches und rieb sich mit dem Daumen über seine ausgeprägte Nase. „Eichentlich hab ich gedacht, dass ich der nächste bin, der den Löffel abgibt."

„Ignaz, jetzt red kenn Quatsch", warf Ottfried Schindler ein, „du bist doch noch fit wie en Turnschuh. Bei dem

Lebenswandel vom Robert wundert mich des wirklich nit. Der hat doch scho seit ewicher Zeit uff der Milz rumgsoffe, weil die Läwer längst ihrn Geist uffgäbe hat." Er spielte auf den Umstand an, dass Robert Weingeist Zeit seines Lebens ein spendabler Mann gewesen war. Es waren richtiggehende Gelage gewesen, die den Stammtisch häufig in seinem Weinkeller zusammengeführt hatten. Diese Feiern waren erst zu Ende, wenn Robert Weingeist unter den Weinfässern lag und er seinen persönlichen Weingeist vorübergehend aufgegeben hatte.

Ludwig Röther war zwar kein Winzer, nur der niedergelassene Arzt in Eibelstadt, aber wegen seiner Weinkennerschaft voll anerkanntes Mitglied des Stammtisches. Er schüttelte den Kopf. „Ich hab dem Robert scho immer gsacht, er soll a mal zu mir in die Praxis komm. Aber der Kerl hat ja nit uff mich ghört."

„Weil er für enn Doktor zu geizig war", warf Edwin Zeitler ein. Er war Vorsitzender vom Weinbauverein. „Uff der ene Seite hat es Geld mit volle Händ nausgmisse, unn uff der annere Seite hat er gegnausert. Beim dir, Dokter, hätt er ja a e Praxisgebühr bezahl müss."

Zustimmendes Nicken im Kreise der Weinsachverständigen. Alle kannten die Nachrichten der örtlichen Buschtrommeln, die besagten, dass es um das Weingut Weingeist wegen des Lebenswandels des Winzers finanziell nicht zum Besten bestellt war.

„Dabei hätt er doch Kohle genuch hab könn. Immerhin hat sei Fraa ja a Beerdigungsunternehme mit in die

Ehe gebracht. Des is doch a krisesichers Gschäft, gstorbe wird doch immer." Fritz Fleckenstein, der einen Wengert in der Lage Teufelstor bewirtschaftete, sprach aus, was viele der Stammtischbrüder dachten.

Der verblichene Robert Weingeist war einmal ein durchaus vermögender Winzer gewesen, allerdings mit einer sehr widersprüchlichen Persönlichkeit. Wenn es ums Trinken ging, war er großzügig bis zur Selbstaufgabe, vor allen Dingen sich selbst gegenüber. Auf der anderen Seite war er aber auch derart geizig, dass er, so ging jedenfalls das Gerücht, beispielsweise seine Unterhosen auch gewendet trug, bevor er sie waschen ließ, nur um Waschmittel zu sparen.

Magda, seine Ehefrau, eine nette freundliche Frau, die das Beerdigungsinstitut Weingeist betrieb, hatte unter diesem Lebenswandel ihres Ehemannes erheblich zu leiden gehabt. Es gab im Dorf schon einiges Gemunkel, dass der Weingeist das Weingut nur noch halten konnte, weil Magda ständig Einkünfte aus dem Beerdigungsinstitut mit hineinwirtschaftete.

Es gab noch einen sehr dunklen Punkt in der Ehe der Weingeists. Auch hier gab es Gerüchte im Ort. Hinter vorgehaltener Hand erzählte man sich, dass der so trinkfreudige Robert Weingeist, wenn er betrunken war, zuhause regelmäßig seiner Frau gegenüber gewalttätig geworden war. Ein Los, das die Frau, wie es schien, tapfer ertrug.

„Ein Spinner war er schon, der Robert", warf Schorsch Breitfeld in die nachdenkliche Stille ein. „Immer, wenn er blau war, hat er sich in en Sarg von seinere Fraa gelecht und hat dort sein Suff ausgschlafe."

„Stimmt, des war doch der, auf dem der Schreinerlehrling uff em Deckel den Fehler gemacht hat", warf Ottfried Schindler ein.

„Ja, statt „Schlummre sanft" hat der Bub „Schlammre sunft" ins Holz neigraviert. Den Sarch hat sich der Robert dann in sein Weinkeller gstellt ghabt, weil sie den nit ham verkäff könn und da drin hat er dann immer sei Räusch ausgschlafe. Damit hat er dann immer angäwe."

„So enn verrückter Hund, der Robert! Es hat mich richtich gerührt, dass die Magda ihn jetzt in dem Sarch hat beerdich lass. Da fühlt er sich vielleicht nit so fremd in seiner letzten Ruhestätte. Die arme Fraa hats jetzt a nit leicht." Bei dem Gedanken lief Edwin Zeitler ein leichter Schauer über den Rücken.

„Was hat er denn jetzt eichentlich ghabt?" Ignaz Bäuerle sah den Doktor fragend an. „Du hast doch den Totenschein ausgstellt."

Dr. Röther wischte mit den Finger über sein angelaufenes Weinglas. „Seid mer nit bös, aber darüber dürf ich nit red. Ärztliche Schweichepflicht, wenn ihr versteht. Aber unnern Strich, wunnerts mi scho, dass es ihn nit scho früher erwischt hat."

Die Runde nickte wiederum verständnisvoll.

Edwin Zeitler hob sein Glas. „Männer, dann tät ich sach, mer trinke uff den Robert. Er soll leben! Egal, wo er jetzt is."

Die anderen stimmten mit ein und die Gläser stießen klingend aneinander. Wenig später gingen die Stammtischbrüder auseinander. Mit ein paar Schoppen ließ sich die Trauer leichter ertragen.

Es war Abend. Magda Weingeist stand im ehelichen Schlafzimmer ihres Hauses und hängte das konservative schwarze Kostüm, das sie zur Beerdigung und zum Leichenschmaus getragen hatte, in den Schrank. Jetzt trug sie nur noch die schwarzen Dessous, die sie für alle unsichtbar darunter getragen hatte und die so gar nichts Konservatives hatten. Ausgesprochen erotische Unterwäsche, die sie sich hin und wieder in Würzburg bei Renate Schmuse besorgte und die die Figur der Enddreißigerin erotisch betonten.

Sie warf einen langen, prüfenden Blick in den großen Spiegel, der an der Innenseite der Schranktüre befestigt war. Sie hatte noch immer eine ausgezeichnete Figur. Robert hatte dies, ehelich gesehen, schon seit Jahren nicht mehr zur Kenntnis genommen. Gott sei Dank, dachte sie, als sie an die Alkoholfahne dachte, die ihn meistens umschwebte. Als sich ihre Augen auf den großflächigen blauen Fleck richteten, der an ihrem Oberarm sichtbar war, trat Eiseskälte in ihren Blick. Dieses Andenken an die letzte Gewalttätigkeit ihres Gatten würde in einigen Tagen verschwunden sein, die Erinnerung nicht. Aber die Zeiten, in denen sie sich vor den Ausbrüchen ihres betrunkenen Mannes fürchten musste, waren jetzt endgültig vorbei. Sie hatte die Hölle hinter sich und sie hoffte, dass ihr Robert jetzt in derselben schmoren würde bis in alle Ewigkeit.

Sie schlüpfte in einen leichten Morgenmantel, ließ sich auf das breite Ehebett fallen und griff zum Telefon.

„Hallo Ludwich", sagte sie leise, als sich ihr Gesprächspartner meldete. „Es wär schön, wenn Du noch e bissle rüberkommen könnst. Ich bräucht jetzt eine starke Schulter zum Anlehne. Wässt ja, wie de reinkommst, damit dich kenner sieht." Langsam legte sie wieder auf.

Dr. Ludwig Röther blickte nachdenklich auf den Telefonhörer. Dann legte er ihn zur Seite. Er nahm sich seine Jacke und verließ sein Haus durch den hinteren Ausgang. Sein Grundstück grenzte direkt an das Weingut Weingeist an. Über ein Obstbaumgrundstück erreichte er den hinteren Eingang des Weinkellers. Durch diesen kam er ungesehen in das Haus seiner Geliebten. Wenig später wälzten sich die beiden eng umschlungen auf dem Weingeist'schen Ehebett.

Als Robert Weingeist irgendwann langsam zu sich kam, hatte er das bekannte üble Gefühl, das ihm so vertraut war und das er so sehr hasste. Sein Schädel brummte und der eklige Geschmack in seinem Mund war unbeschreiblich. Seine Zunge klebte am Gaumen und er hatte schrecklichen Durst. Warum war es um ihn herum eigentlich so verdammt finster? Außerdem war es unangenehm kalt und er fror. Das kam vom Kater. Seine Hände tasteten zur Seite. Sofort stieß er gegen Holz.

Offensichtlich lag er in seinem vertrauten Sarg. Er kicherte leise. Seine Kumpels hielten ihn deswegen für einen Spinner.

Er überlegte: Wahrscheinlich hatte irgendjemand die Leuchten im Weinkeller ausgemacht. Daher die pechschwarze Lichtlosigkeit.

Als er sich ruckartig auf die Ellbogen aufstützen wollte, knallte er schon nach wenigen Zentimetern unangenehm mit der Stirne gegen Holz. Was war das? Welcher Idiot hatte den Sargdeckel aufgelegt? Er versuchte sich zu erinnern. Aber da war nur ein schwarzes Loch. Wahrscheinlich hatten sich seine Kumpels vom Stammtisch einen Scherz mit ihm erlaubt. Das sah diesen verrückten Burschen ähnlich. Sicher standen sie draußen und bogen sich vor Lachen, weil er im Sarg herumrumorte.

„Macht scho uff, ihr Knalltüten!", brüllte er und schlug mit der Faust gegen das Holz. „Los, lasst mich raus!" Die Stille, die ihm antwortete, hatte etwas schrecklich Bedrohliches an sich. Wegen der Trockenheit im Rachen bekam er einen Hustenanfall.

„Verdammt, jetzt macht scho uff, ihr Idioten!", schrie er noch lauter, wobei seiner Stimme jetzt schon der Beiklang einer gewissen Panik anzuhören war. Mit aller Gewalt, die ihm in seiner beengten Lage möglich war, drückte er jetzt gegen den Sargdeckel. Das verdammte Teil bewegte sich keinen Zentimeter.

Irgendwann registrierte er, dass seine Schläge gegen

das Holz nicht hohl klangen, wie es zu erwarten gewesen wäre. Da war kein Echo. Er hatte das Gefühl, als würde er gegen eine kompakte Masse schlagen.

Es dauerte einige Zeit, bis er das Ungeheuerliche, das Unfassbare begriff. Er tobte, brüllte und schrie, bettelte und weinte, bis ihm die Stimmbänder versagten. Seine tierischen Schreie wurden von drei Metern festgestampfter Erde verschluckt, auf der sich zahlreiche Trauerkränze und Blumengebinde häuften. Schließlich griff irgendwann der Wahnsinn gnädig nach seinem Verstand und er verstummte.

Ein gutes Jahr später verpachtete die trauernde Witwe die Weinberge und löste das Weingut auf. Noch etwas später verlegte Dr. Röther seine Praxis in die Räumlichkeiten des ehemaligen Weinguts und alle Bürger gönnten es der verwitweten Magda, dass sie nach dem schweren Leben mit Robert wieder einen Mann fürs Herz gefunden hatte.

Das Beerdigungsinstitut florierte, nicht zuletzt Dank der effizient-fortschrittlichen Behandlungsmethoden von Dr. Röther, dessen Patientenstamm sich über die Jahre hinweg deutlich verjüngt hatte.

„Und wie seid ihr dann dahintergekommen, dass bei dem guten Doktor etwas nicht stimmen könnte?", wollte Rottmanns Stammtischbruder Ron Schneider wissen, nachdem sich die Spannung etwas gelegt hatte.

„Wie das so ist", erklärte Rottmann, „nachdem es über die Jahre ein paar weitere merkwürdige ‚natürliche‘ Sterbefälle gab, bekamen wir einen anonymen Hinweis aus der Bevölkerung. Wir vermuten, dass es sich um Angehörige handelte, die beim Erben zu kurz gekommen waren, weil die Oma oder der Opa zu früh gegangen wurden. Wir haben dann erst mal diskret ermittelt. Dabei stießen wir auf ein paar Verdachtsmomente, die uns veranlassten, bei einigen Verstorbenen eine Exhumierung durchzuführen. Dabei fanden wir in den Knochen der teilweise schon vollständig verwesten Leichen Ablagerungen eines Narkosemittels, das dieser Dr. Röther, wie sich später herausstellte, gerne einsetzte, um gewissen Patienten das Leben nicht unnötig schwer zu machen. Auch bei Robert Weingeist haben wir entsprechende Einlagerungen gefunden."

„… und was ist aus diesem mörderischen Liebespärchen geworden?", wollte Xaver Marschmann, ebenfalls Mitglied des Schoppenfetzerstammtisches, wissen.

Rottmann zuckte mit den Schultern. „Über Nacht waren die beiden plötzlich verschwunden. Sie haben alles liegen und stehen lassen und sind mit ihrem ganzen, nicht unerheblichen Vermögen verschwunden. Wenn ich richtig informiert bin, werden sie noch immer mit internationalem Haftbefehl gesucht."

Als die Herren wieder die Eimer und die Scheren in die Hand nahmen, um weiterzulesen, begleitete sie die Geschichte noch lange durch die steilen Wengertszeilen.

RETZBACH ist Teil der Verwaltungsgemeinschaft Zellingen, das aber auf der anderen Mainseite liegt. Der Ort hat ca. 2.200 Einwohner und wird umrahmt von den Weinbergen der Weinlage Benediktusberg, auf der ebenfalls schöne fränkische Weine der Sorten Silvaner, Müller-Thurgau und Spätburgunder wachsen. Außerdem ist Retzbach bekannt durch seine Wallfahrtskirche „Maria im grünen Tal", die alle Jahre von zahlreichen Pilgern besucht wird.

Die Schoppenfetzer waren nicht gerade eifrige Wallfahrer, fanden aber immer wieder Gefallen an den schönen Weinen, die die Lage hervorbrachte. Als sie wieder einmal in der Nähe der Benediktushöhe bei der Lese eine Pause einlegten, ergriff Dr. Horst Ritter das Wort: „Weil wir heute in Retzbach sind, fällt mir eine nette Episode ein, die mir der Wirt vom Weinhaus Stachel in Würzburg vor einiger Zeit mal erzählt hat. Wir hatten uns bei einem Schoppen darüber unterhalten, dass es unter den Wein-

genießern durchaus nicht wenige kauzige Typen gibt. Worauf er meinte, dass sich diese Eigenartigkeit nicht unbedingt nur auf das männliche Geschlecht bezieht. Er hat mir dann von zwei gestandenen Winzerehefrauen berichtet, die sich jedes Jahr nach der Weinlese in Würzburg im Stachel treffen, um sich ein paar schöne Stunden zu gönnen. Wobei die beiden durchaus ordentliche Nehmerqualitäten haben, was den Weinkonsum betrifft. Die beiden sind in gewisser Weise Originale, deren Unterhaltungen ihn, den Stachelwirt, immer wieder köstlich amüsieren ..."

Näää, mach ke Zeuch …

Es war Anfang Dezember. Die Weinernte lag lange zurück. Der Wein reifte in den Fässern und im Wengert trat aufgrund der Wetterlage eine kleine Verschnaufpause ein. Zeit also für die Winzer – und deren Gattinnen –, sich auch um andere menschliche Bedürfnisse zu kümmern.

Das Treffen der beiden Schulfreundinnen Maria und Theres zum vorweihnachtlichen Schoppenstammtisch im Weinhaus Stachel in Würzburg war eine seit Jahren von den beiden Damen gepflegte Tradition. Beide waren Mittfünfzigerinnen, beide Hausfrauen, die eine aus Retzbach, die andere aus Retzstadt. Sie waren Ehefrauen alteingesessener Winzer und in dieser Eigenschaft durchaus ausgelastet, daher für diesen freien Nachmittag sehr dankbar. Die beiden hatten sich in ihrem Stammlokal für den späten Nachmittag verabredet, um die Adventszeit durch besinnliche, tiefgründige Gespräche zu bereichern. Ein oberflächlicher Beobachter hätte vielleicht den Eindruck gewinnen können, dass die beiden in Abwesenheit ihrer Ehegatten lediglich wieder einmal so richtig schön tratschen wollten. Aber da sieht man wieder einmal, zu welch ungerechten Ergebnissen derartig oberflächliche Betrachtungsweisen führen können.

Um dem Weingenuss auch die richtige kulinarische Basis zu geben, hatten sie sich einen schönen *Waller blau* bestellt, den sie nun gemeinsam an einem diskreten Zweiertisch etwas außerhalb des Zentrums des Lokals mit Genuss verzehrten. Da ein Fisch ja bekanntlich schwimmen muss, genossen sie dazu einen leichten Riesling. Sie hatten sich gleich einen ganzen Bocksbeutel bestellt, um nicht ständig durch die Bedienung gestört zu werden.

Die erste rhetorische Aufwärmphase hatten sie mit Hilfe des winterlichen Wetters schnell überwunden und waren dann direkt, ohne weitere Umwege, in den besinnlichen, tiefgründigen Gedankenaustausch eingestiegen.

Maria eröffnete. „Theres, sach a mal, mecht dir des feuchte Adventswetter nit a so in deinere Knoche zu schaffe? Mei Knie zwicke, als täte ses bezahlt kriech. Ich habs jetzt a mal mit sonere Pferdesalbe probiert. Riecht zwar a wenig streng und brennt wie der Teufl, aber es hilft. Mei Siggi secht zwar, dass ich stink als tät ich vom Tierarzt komm, aber des is mer ziemlich wuscht."

„Näää, mach ke Zeuch! Pferdesalbe? Naja, davon abgsehn, du hast ja scho immer ziemlich derbe Knie ghabt. Warum soll des, was bei em Gaul hilft, nit a bei deinere Krautstampfer helf." Sie lachte keckernd. Maria zog leicht düpiert die Augenbrauen in die Höhe, dann wechselte sie ohne weiteren Kommentar das Thema.

„Theres, hastes scho khört? Die Carola aus Karscht, vom Wintermann Klemens seinere Tochter ihrm Mann, die Cousine zweiten Grades, is scho widder amal schwanger. Ah schönns Christkindle is des, kann ich der sach. Ich gläbb, die Carola is a Patenkind von der Barbara Stamm."

„Näää, Maria, mach ke Zeuch! Von dere Politikerin aus Würzburch, die immer im Fasching so a blaus Klädle trächt?"

„Näää, Theres. Ich meen die Stamms Barbara aus der unnere Pleich in Würzburg. Die hat Frisöse gelernt und jetzt hat se so a Enthaarungsstudio für Fraue. Damebärt, Bikinizone unn so, du wässt scho."

„Näää, mach ke Zeuch! Wer get denn zu so was hi? Wenn ich mir des so vorstell, dass se mir jeds Haar enzeln rausrupfe täte. – Aber, sach a mal, die Carola, is des nit die klenne Blonde, die erst uff den Apotheker sein Sohn gsponne hat und dann des Verhältnis mit dem junge Pfarrer aus dem Senegal angfange hat, weil der Bu vom Apotheker mehr uff Männer gstanne is?"

„Näää, Theres, des verwechselst du mit dem Gregor, dem zwätte Bürchermeister von Eußeheim sein Bu. Der hat zwar a mal mitere rumbousiert, awwer da is dann nix drauß worn, weil senn dann zur Bundeswehr nach Hammelburg gholt ham und dort hat er a annere kenne gelernt. Wie des halt mit denne junge Leut so is heutzutach."

„Näää, mach ke Zeuch! Der Gregor ist Pfarrer und kommt ausm Senegal? Wie kommt denn der dann zur Bundeswehr? Wer hätt des denn gedacht. Was nit all git! Awwer eichentlich kenn ich n ja gar nit. – Ja unn warum is die Carola dann schwanger?"

„Theres, du bringst jetzt aber a alles durchananner. Der Gregor is weder Pfarrer, noch kommt er ausm Senegal. Unn des mit dere Schwangerschaft: Warum wohl wird enne schwanger? Kannste dich nimmer entsinn, wie des geht? Du hast doch a zwä Kinner. Obwohl des heutzutach a nimmer sei müsst. Die junge Dinger wolle alles besser wiss und dann passe se efach nit uff! Wenn i da dradenk, wie ich da früher manchmal gschwitzt hab."

„Näää, mach ke Zeuch! Du hast a manchmal gschwitzt? Ich denk dei Mutter hat gsacht, dass du immer so a bravs Mädle warscht. Mir ham ja damals noch gegläbbt, dass mer vom Küsse Kinner kriecht. Näää, was warn mir blöd!"

„Theres, jetzt a mal was annersch: Was mechstn du an Heilich Awend zum Esse? Zu mir kommt mei Cousine aus Volkach mit ihrere zwä Kinner zur Bescherung. Sie hat gsacht sie will an Heilich Awend nit alle sei. Ihr Mann is während seinere Kur im September mit so ennere verhuschte Diplompsychologin fremdgange und jetzt is er ausgezoche. Des notgeile Mannbild! – Ich kann der sach, ich könnt mich so was von uffrech, wenn ich davon red."

„Nää, mach ke Zeuch! Mit ennere Diplompyschologin! Ja ham die Weibsbilder heutzutach denn gar kei Hemmunge mehr? Lässt der Kerl die Fraa an Weihnachte allee, wos da doch so viel zu putze und zu richte gibt. Ich find, des macht mer efach nit! – Also ich denk, ich mach Würstli mit Kartoffelsalat. Mei Roland und ich sinn ja allee. Des is ganz gemütlich. Da gucke mer beim Esse a weng Fernseh, dabei trinke mer a Schöpple unn wenns Zeit is, gehe mer in die Mette. Ich lech mich danach dann ins Bett unn der Roland spült noch des Gschirr weg, damit mer am erste Feiertach des Zeuch nit rumstehe hat. Dann guckt mei Roland noch enn Krimi an. Des braucht er zum Ausgleich, sacht er, weil ihn Weihnachte immer so rührt."

Beide Damen prosteten sich zu und nahmen einen ordentlichen Schluck von ihren Schoppen.

„Schenkt ihr euch nix zum Christkindle?", wollte Maria wissen.

„Jaaa, scho. Mei Roland kriecht a teure Hornhautsalbe für sei raue Füß unn a Duschgel. Wässt, des vom letzte Weihnachte is scho seit zwä Woche aufgebraucht. Da passts, wenn er Nachschub kriecht. Mei Roland is scho a sehr reinlicher Mensch.

Und ich hab mer a paar neue Stützstrümpf gewünscht. Des mit meinere Krampfadern wird a immer schlimmer. Unn dann vielleicht no a große Flasche Klosterfrau Melissegeist. Scharfe Sache trink ich ja nimmer. Und sonst brauch ich eichentlich nix. Letzt Jahr hat mir der Roland so schöne rosa Unnerhose gschenkt. Die

warn vom Weihnachtsmark. Preisgünstich im Fünfer-
pack. Aus Wolle, richtig warm und mit em lange Bein-
abschluss. Du, wenn de da zwä üwerenanner trägst, hat
die Kält kei Chance mehr. Du dürfst se halt nit so oft
wasch, sonst werrn se a bissle filzich. Awwer des Jahr,
hab ich zu meim Roland gsacht, Roland, hab ich gsacht,
des Jahr brauchts des nit. Die fünf halte noch locker des
ganze Jahr. – Was tätst denn du dir wünsch?"

Maria dachte einen Augenblick nach, den meinte sie:
„Nachdem mei Männle gsacht hat, dass mer a weng kürzer trät müsse, weil die Weinernte des Jahr a bissle knapp
ausgfalle is, schenke mer uns wahrscheinlich gar nix."

Die Theres riss die Augen auf, dann erwiderte sie
kopfschüttelnd: „Nää, mach ke Zeuch! Habt ihr des Jahr
a so druffgelecht? Der Meiniche hat a gsacht, dass mer
die Preise erhöh müsse, weils nit so viel Wein gäwe hat."

„Ja, es is wirkli schlimm", bestätigte Maria. „Ganz leer
geh ich aber trotzdem nit aus. Mei Mann hat mer letzte
Woche widder so a große Dose mit Pferdesalbe gschenkt.
A vom Weihnachtsmarkt. Wässt, a weche meinere
Krampfadern. Des Zeuch is ganz schö teuer. Awer es
hilft."

Das beiderseitige Bedauern über die vermeintlich
magere Ertragslage ihrer Weingüter ließ die beiden
Freundinnen für einen Augenblick in Betroffenheit ver-
stummen, den sie nutzten, um sich intensiver um den
Waller zu kümmern.

„Sach a mal Theres", schnitt Maria schließlich nach

einigen Bissen ein neues Thema an, „wässt du warum sich die Neuburgers Lore von ihrm Mann getrennt hat? Die warn doch sonst immer so dick mitänanner."

Theres entfernte mit den Fingern eine kleine Gräte aus einem Zahnspalt, dann erwiderte sie: „Na ja, sie muss halt den Halodri bei der Weinlese erwischt ham, wie er ennere aus der Stadt, die bei der Lese gholfe hat, owe im Wengert uff enner Bank a weng … persönliche Nachhilfe gäwe hat. Sie hatn noch am gleiche Tach nausgschmisse. Die Weinberch ghöre ja ihr."

„Nää, mach ke Zeuch! Da hat se awer gscheid recht ghabt!", gab Maria erbost zurück. „Ich hätt mit dem Kerl noch was ganz anners gemacht!" Sie machte mit Zeige und Mittelfinger eine scherenartige Schneidbewegung.

Theres zweifelte keine Sekunde an der Entschlossenheit ihrer Freundin. „Ich denk, da müsse mer uns bei unsere zwä ke Sorche mach. Die ham doch e nur ihrn Wengert und den Wein im Kopf."

Maria wiegte leicht zweifelnd den Kopf. „Theres, merk der ens, Mannsbilder sinn Mannsbilder. Da tät ich für kenn die Hand ins Feuer lech." Sie lachte aber dabei und hob die Hand, um der Bedienung ein Zeichen zu geben, dass sie den zweiten Bocksbeutel vorbeibrachte.

Das Jahrestreffen der beiden wurde noch ziemlich feuchtfröhlich und dauerte, bis auch der dritte Bocksbeutel geleert war. Dadurch überschritten die Damen deutlich die Abfahrtszeit des letzten Busses, der sie in ihre Heimatdörfer hätte bringen können, was ihnen aber ziemlich wurscht war. Traditionell rief ihnen der Stachelwirt per Telefon einen bestimmten Taxifahrer, der sie schon seit Jahren nach ihrem Treffen nach Hause kutschierte. Kichernd und einander untergehakt bestiegen sie wenig später die Droschke von Eddi Wolf und ließen sich auf die rückwärtigen Polster fallen. Eddi war vielleicht zehn Jahre jünger als seine beiden Fahrgäste, Junggeselle und mitnichten ein Kostverächter. Außerdem waren ihm die beiden Damen bestens vom Kirchenchor her bekannt. Wen wundert es, dass er ihnen gegenüber ein besonderes Fürsorgegefühl empfand?

Kurz nach Thüngersheim setzte er plötzlich den Blinker und rollte mit seiner kichernden Fracht langsam die Weinbergshänge empor. Oben auf einer Freifläche, von der aus man eine besonders gute Sicht auf das Maintal hatte, hielt er an und wandte sich um. „Na, ihr zwä Mädli, wie is es? The same procedure wie letzt Jahr?"

Maria krähte: „Eddi, du bist mir vielleicht ein Schlimmling!"

Und Theres, trotz leichter Schlagseite um ein korrektes Englisch bemüht, prustete: „The same procedure as every year, Eddi."

Worauf der sich nicht lange bitten ließ und sich mit einem olympiaverdächtigen Hechtsprung über die Vordersitze zwischen die beiden Damen warf.

Das Taxometer lief selbstverständlich weiter.

SOMMERACH – ca. 1.500 Einwohner, liegt an der südlichen Mainschleife. Bekannte Weinlagen sind der Engelsberg, der Katzenkopf und der Rosenberg. Hier gedeihen Riesling, Bacchus, Müller-Thurgau, Weißburgunder und Scheurebe. An Rotweinen sind Domina und Spätburgunder vertreten. Sommerach liegt auf der sogenannten Weininsel. Eine Besonderheit, die in erster Linie durch den Main gebildet wird, der hier von Norden nach Westen, dann nach Süden und wieder nach Osten zurück und nach Süden weiter fließt. Um der Schifffahrt diesen langen Umweg zu ersparen, baute man an der engsten Stelle einen Kanal, wodurch Sommerach nun gewissermaßen auf einer Insel liegt.

Gerne nehmen die Schoppenfetzer aus Würzburg den Weg auf sich, um in den Sommeracher Weinbergen bei der Lese zu helfen. Zumal einer der Winzer in Sommerach den Weingenießern eine besondere Spezialität anzubieten hat. Es handelt sich dabei um eine ausgesprochene Rarität: den Alten Satz. Dies ist ein Wein, der sowohl ungewöhnlich als auch außergewöhnlich ist. Er setzt sich zusammen aus fünfunddreißig Rebsorten, die 1835 zusammen in einem Weinberg gepflanzt wurden. Von diesen fünfunddreißig Sorten lassen sich nur noch fünfzehn benennen. Beispielsweise Roter Gutedel, Roter Silvaner, Elbling, gelber und weißer Muskateller, weißer Traminer und Der Räuschling. Ein ungewöhnliches Weinerlebnis, das die Weinkenner gerne genießen.

Bei der letzten Weinlese bei einem den Schoppenfetzern bekannten Winzer gab dann Xaver Marschmann auch eine Geschichte zum Besten, die er stellvertretend für die anderen Weindörfer der Mainschleife in Sommerach ansiedelte, was aber nicht bedeutete, dass sie sich dort auch tatsächlich so zugetragen hat. Sommerach steht hier also stellvertretend für viele andere unterfränkische Winzergemeinden, insbesondere für ihre Bewohner. Durchwegs aufgeschlossene, gesprächige, lockere, lustige, weltoffene Mainfranken, die Besucher der Region lieben, ganz besonders dann, wenn sie in den Weinbergen ihren mannigfaltigen Freizeitbeschäftigungen nachgehen.

Frank und Blank

Der Sommeracher Winzer Jonas Treuchtlinger war als Mensch ein Einzelgänger und als Winzer ein ausgeprägter Individualist. Eine Spezies, wie sie in den weinfränkischen Dörfern durchaus nicht selten anzutreffen ist. So war es Treuchtlinger fast schon zwangsläufig ins Stammbuch geschrieben, dass er irgendwann in seiner Entwicklung als Winzer den harten Weg des Selbstvermarkters einschlagen würde – eine Richtung, bei der man sich immer wieder aufs Neue bemühen musste, geeignete Nischen zu finden, um den Wein an die Kundschaft zu bringen.

Eines Tages hatte Treuchtlinger die seiner Meinung nach grandiose Idee, seine Weine unter der sehr speziellen Marke „Frank und Blank" zu vermarkten. Wobei es ihm weniger auf einen tiefschürfenden Sinn ankam, als vielmehr darauf, dass seine Kunden sich die Bezeichnung gut einprägen konnten und sie darauf neugierig wurden, was sich dahinter verbarg. Was dann auch der Fall war. Hierzu hatten folgende Ereignisse geführt:

Gegen Ende des Winters des Jahres, von dem ich berichten möchte, kam es zu einer Entwicklung, die sich massiv auf den Weinanbau in Sommerach auswirkte.

Treuchtlinger gehörte seit der letzten Kommunalwahl dem Gemeinderat als parteiloses Mitglied an. Ein Ärgernis für alle parteitreuen Räte, aber nun mal nicht zu ändern. Wahrscheinlich war er gewählt worden, weil er kein Blatt vor den Mund nahm und auf keinerlei Parteifreunde irgendwelche Rücksichten nehmen musste.

Wie gesagt, kurz vor dem Frühling wurde im Rat die schwierige und viele Gemüter erhitzende Frage erörtert, wie man im kommenden Sommer mit den „Nackerten", den immer wieder auf Gemeindegebiet gesichteten Anhängern der Freikörperkultur, umgehen sollte. Tatsächlich hatte es sich in den letzten zwei Jahren aus irgendwelchen Gründen unter der Anhängerschaft der Freikörperkultur herumgesprochen, dass man in den oberhalb der Weinberge liegenden Trockenrasengebieten von Sommerach wunderbar seinen unbekleideten Körper der Sonne darbieten konnte. Besonders weibliche Sonnenanbeter hatten die Gemeindegründe für sich entdeckt, weil sie sich hier vor unliebsamen „Naturbeobachtern" sicher wähnten.

Der Gemeinderat war in dieser Frage tief gespalten. Die Frauen etlicher Gemeinderäte und der Herr Pfarrer plädierten für eine rigorose Eliminierung dieses ihrer Meinung nach schamlosen Gelichters. Die Damen waren zwar nicht im Rat, bekamen aber ihre Ansicht vom Herrn Pfarrer nahegebracht und nahmen anschließend ihre Herren Ehemänner und Gemeinderäte ins Gebet. Nicht nur die ledigen männlichen Sommeracher sahen das absolut nicht so eng. Sogar die konservativsten Hardliner, wie beispielsweise auch Treuchtlinger, sprachen in diesem Zusammenhang von modernem Denken und Toleranz.

Die Verärgerung der Weiblichkeit und der Geistlichkeit kam aber nicht von ungefähr. Was sie auf die berühmte Palme brachte, war die Tatsache, dass in der Nacktbadesaison die Herren Winzer die Frequenzen ihrer Kontrollfahrten durch den Wengert plötzlich massiv erhöhten und dies mit den merkwürdigsten Ausreden begründeten. Es bestanden daher erhebliche Zweifel an der selbstlosen, weltmännischen Toleranz der einschlägigen Ratsmitglieder.

Das zweite Ereignis war der Umstand, dass Treuchtlinger etwa zeitgleich mit der Diskussion im Gemeinderat beschlossen hatte, einen über dreißig Jahre alten Weinberg, den noch sein Vater angelegt hatte, stillzulegen. Die alten Silvanerrebstöcke waren verbraucht und mussten entfernt werden. Er würde dem Wengert ein, zwei Jahre Ruhe gönnen, dazwischen Gründung ansäen und ihn dann neu bestocken.

Während der lautstarken Meinungsbildung im Rat, der Treuchtlinger interessiert lauschte, entwickelte sich in seinem ruhelosen Verstand ein schemenhaftes Bild, eine schwache Vorstellung, welche sich von Sitzung zu Sitzung immer mehr konkretisierte.

Einige Tage später begann Treuchtlinger den besagten Weinberg abzuräumen. Wenig später lag ungefähr ein Hektar nackt vor dem Auge des Betrachters, die alten Weinstöcke ordentlich am Wegrand aufgestapelt.

Der besagte Weinberg lag an einem Hang in einem relativ schmalen Seitental der Sommeracher Fluren, das sich vom Maintal abzweigend nach Westen erstreckte. Am Grund des Tales verlief ein schmaler Wirtschaftsweg, der die Hänge zu seinen beiden Seiten trennte. Auch auf der anderen Seite dieses Weges im Gegenhang hatte Treuchtlinger einen Weinberg, der praktisch gegenüber lag. Oberhalb dieser zweiten Anbaufläche, ganz auf der Spitze des Berges, hatte die Gemeinde mit Duldung Treuchtlingers zwei Ruhebänke aufgebaut, die Wanderern zur Rast dienen sollten. Von diesen Sitzgelegenheiten aus konnte man wunderbar in das Tal, bei gutem Wetter sogar bis zum Main blicken.

Auf einer dieser Bänke ließ sich Treuchtlinger eines Tages nach getaner Arbeit nieder und blickte grübelnd in die Landschaft. Immer wieder schweifte sein Blick von der Weite hinüber zu seinem nun kahl daliegenden Weinberg.

Zwei Tage später überraschte er den Bürgermeister von Sommerach mit der überraschenden Anfrage, ob er nicht auf seine Kosten am Rastplatz oberhalb seines Weinbergs zwei stationäre, kostenpflichtige Fernrohre aufstellen könne, wie es in der Nähe von Sehenswürdigkeiten in der Republik gang und gäbe sei. Dann könnten die Weinbergswanderer die schöne Aussicht in die Weite des Frankenlandes noch besser genießen. Er machte lediglich zur Bedingung, dass er die Gebühren kassieren könne, die jeder Benutzer nach seinen Vorstellungen für einen Rundblick zahlen müsste. Sofort brach im Gemeinderat eine große Diskussion los, ob man das dem Treuchtlinger wirklich genehmigen solle. Warum war man selbst noch nicht auf die Idee gekommen, für die schöne Aussicht zahlen zu lassen? Das Für und Wider wogte hin und her. Treuchtlinger war von der Sitzung ausgeschlossen, da er selbst betroffen war. Schließlich scheiterte die Selbstverwirklichung durch die Gemeinde an den Kosten für die Fernrohre. Die Herren Gemeinderäte konnten sich nicht vorstellen, dass sich die teuren optischen Geräte rentieren würden. Schließlich genehmigte man Treuchtlinger die Fernrohre. Wahrscheinlich war das wieder so eine spinnerte Idee dieses Sonderlings.

Es dauerte nicht lange, dann zierten zwei massive Fernrohre den Aussichtspunkt. Wer einen Euro einwarf, hatte nun Gelegenheit, die wunderbare Fernsicht eine halbe Minute lang zu genießen, dann fiel die Klappe und ein weiterer Euro war fällig. Tatsächlich besuchten anfänglich ein paar Rentner aus dem Dorf auf ihren Spaziergängen den Aussichtspunkt und riskierten aus Neugierde einen Euro. Auch ein paar Wanderer nutzten die Geräte. In den ersten beiden Wochen nahm Treuchtlinger ganze elf Euro ein. In der dritten Woche waren es nur noch sechs. Die Woche darauf regnete es beständig und die Münzkassetten blieben leer.

Treuchtlinger interessierte sich offenbar gar nicht mehr für die Fernrohre. Im Frühjahr säte er auf seinem jenseitigen kahlen Weinberg eine Grasmischung an und pflanzte, sehr zum Erstaunen der Sommeracher, auch eine ganze Anzahl Büsche darauf, die er auf dem ganzen Areal verteilte. Im April war das Gras so hoch, dass er es zum ersten Mal mähen musste.

Im Mai kamen die ersten Sonnenhungrigen in die Weinberge. Zunächst waren es nur ein paar, die sich im Seitental von Sommerach umsahen. Beim nächsten Sonnenwochenende waren es schon deutlich mehr und vierzehn Tage später hatte es sich offenbar in diesen Kreisen wie ein Lauffeuer herumgesprochen, dass es bei Sommerach seit Neuestem in den Weinbergen ein geradezu ideales Gelände für ihre Zwecke gab.

An einem dieser gut besuchten Tage belud Treuchtlinger den kleinen Anhänger seines Weinbergstraktors mit diversen nicht-alkoholischen Getränken und einer Auswahl seiner Weine und fuhr damit zu seinem Weinberg, der zwischenzeitlich mit sonnenhungrigen FKK-Anhängerinnen regelrecht gespickt war. Weil es sehr heiß war, konnte er sich über entsprechenden Umsatz nicht beklagen. Es war natürlich nicht beabsichtigt, aber ein durchaus sehr angenehmer optischer Nebeneffekt, dass Treuchtlinger den zahlreichen unbekleideten Schönheiten beim Verkauf sehr nahe kam.

Was aber besonders interessant war, war die Tatsache, dass auch seine Einnahmen aus dem Betrieb seiner Fernrohre sprunghaft anstiegen. Die Geräte waren auf Kugelköpfen gelagert, so dass man sie unproblematisch um 180 Grad schwenken konnte. Der Aussichtspunkt auf der Wengertshöhe war zwischenzeitlich so beliebt, dass der clevere Weinbauer gar gezwungen war, die Geldkassetten täglich zu leeren.

Wen wunderte es, dass sich plötzlich auch die Herren Gemeinderäte sehr intensiv für die schöne Aussicht interessierten. Selbst der Herr Pfarrer ließ sich zur Feldforschung blicken. Schließlich konnte er nur so entscheiden, welche Buße für seine gestrauchelten Schafe, eigentlich waren es ja mehr die Schafböcke, bei der nächsten Beichte angemessen war.

Treuchtlinger indessen war äußerst zufrieden. Noch nie hatte ihm ein brachliegender Weinberg so gute Einnahmen gebracht. Am Ende dachte der findige Winzer sogar darüber nach, ob er den Wein, den er aus dem Wengert irgendwann ernten würde, nicht umbenennen sollte. Ihm schwebte dabei die Lagebezeichnung „Sommeracher Blankarsch" vor, in Anlehnung an eine bekannte und durchaus gewinnbringende Weinlage von der Mosel.

THEILHEIM – rund 2.500 Einwohner, liegt im unter-fränkischen Weinanbaugebiet, ganz in der Nähe des Weindorfes Randersacker. In der bekannten Weinlage Altenberg wachsen ausgezeichnete, teilweise konsequent ökologisch angebaute Weine. Die dortigen Gasthäuser bieten neben unterfränkischer Küche auch eine reich-liche Auswahl schöner fränkischer Schoppen.

Auch von hier erhielten die bekannten Schoppenfetzer aus Würzburg eines Tages eine Einladung zur Mithilfe bei der Weinernte. Nachdem sie zahlreiche Eimer mit reifen Träubeln in die Bütten geschüttet hatten, lud der Winzer zur Brotzeit ein, wozu sich die Herren nicht zweimal bit-ten ließen.

Nach zwei Gläsern des süffigen Hausweins gab Ron Schneider bei der Brotzeit mit viel Augenzwinkern – was bedeutete, dass man nicht jedes Wort auf die Goldwaage legen durfte – folgende Episode zum Besten ....

Die Weinbergsschnecken

Wie jede Woche am Mittwoch trafen sich neun Theilheimerinnen unterschiedlichen Alters in der katholischen Pfarrbibliothek, um die wöchentliche Ausleihe zu organisieren und verschiedene andere Punkte von Wichtigkeit zu besprechen. Sie alle waren Ehegattinnen weinerzeugender Ehegatten und nutzten dieses ungestörte gleichgeschlechtliche Zusammensein unter anderem gerne, um auch aktuelle zwischenmenschliche Probleme zu diskutieren.

„Mei Friedrich is gestern erst widder nachts um Enze hemm komme und hat ordentlich gelade ghabt, kann ich euch sach. Ich war scho im Bett unn habs drauße in der Stube rumpeln hörn. Dann war plötzlich Totenstille. Irchendwann bin i dann nausgange und hab nach gschaut. Wenn em was zugstoße wär, wills mers ja wiss. Es war awwer nix schlimms. Er war im Wohnzimmer vor der Couch uffm Bode geläche und hat gschnarcht. Ich kann euch sach, der hat vielleicht gsächt! Ich hab enn dann lieche gelasse. Des Gewicht stemm i nit. Außerdem hat er gstunke wie a ganzes Weinfass.

Des muss i nit näbe mir im Bett lieche hab." Veronika Busch schüttelte entschieden den Kopf. „Heut früh hat emm dann der Schädel gebrummt und es ham enn alle Knoche weh getan. Er konnt nit eher hemm, weil der Feuerwehrkommandant wäche seim Geburtstag enn ausgäbe hat, hat er gsacht. Da muss mer dabei sei, hat er gsacht, weil des Ehrensache für enn Stammtischbruder is. Jetzt is der alte Dackl fast achzig Jahr alt und meent, er müsst immer noch überall mit vorne dabei sei."

Kopfschüttelnd nahm die Seniorin des Büchereiteams die Karteikarte, die sie gerade in der Hand hatte, und ordnete sie in dem kleinen Karteikasten ein, der die ausgeliehenen Bücher enthielt.

Heidi Zeiger, noch nicht lange von ihrem dritten Kind entbunden, das im Hintergrund des Bibliotheksraumes in einem Kinderwagen lag und friedlich schlief, nickte heftig beipflichtend mit dem Kopf.

„Seid unser kleens Zwackerle uff der Welt is, is mein Günter a andauernd beim Stammtisch und kommt Mitte in der Nacht hemm. Zu mir hat er gsacht, dass er des aus reiner Rücksicht uff mich und des Klenne macht, weil er die Mutter-Kind-Beziehung nit durch sei Anwesenheit stör will. Dass ich nit lach! Der Kerl hat noch nit emal a Windel gewechselt."

Wiltrud Häfner, die an einem Regal stand, stieß ein bellendes Lachen aus. „Ich hab ja scho viel Ausrede ghört, warum enner von dene Kerl in die Wirtschaft muss, aber a gstörte Mutter-Kind-Beziehung … des is wirkli neu." Sie beruhigte sich wieder und legte den Staubwedel zur Seite, mit dem sie Bücher in den Regalen abgewischt hatte. „Mei Theo der erklärt mer scho lang nix mehr. Der geht einfach. Wenn ich'n dann frach, wenn er hemm kommt, secht er nur ‚um halb'. Wenn der denkt, dass ich'm des Abendesse warm halt, hat er sich gschnitte. Soll er doch in seinere heiliche Wirtschaft ess. Von mir griecht er nix mehr. Er is e zu fett!" Energisch stellte sie ein Buch ins Regal zurück.

„Also, ich wess a nit, mein Basti is da scho a bissle annersch." Eva Glock, die Tochter des größten Weinbauern im Dorf und Angetraute von Sebastian Glock, sah mit großen Augen in die Runde. „Er sacht mer immer, wenn er geht, wohin er geht und er kommt nur spät hemm, wenn ihn die annern nit weglasse, weil sei Meinung als Feuerwehrkommandant gfragt is."

„Träum weiter Schätzle!", warf Sabine Reuther ein, die gerade dabei war, am einschlägigen Regal die Kriminalromane und Thriller neu zu ordnen. „Bloß weil dein Basti die Ausred mit der Feuerwehr hat, musst nit gläbb, dass der bräver is. Die Feuerwehr hat scho immer gern Bränd gelöscht. Vor allen Dinge im Wirtshaus." Sie lachte meckernd. Sabine war als einzige der Damen geschieden und das schon zum zweiten Mal. Damit galt sie in der Runde als unschlagbare Männerexpertin.

„Mei Axel seelich …", sie tat immer so, als wären ihre Exgatten verstorben. In Wirklichkeit erfreuten sich die beiden bester Gesundheit. Vielleicht gerade, weil sie nicht mehr mit der sehr robusten Reutherin verehebandelt waren. „Also, mei Axel seelich, dem hab ich des Rumgsitz in der Wirtschaft scho nach enere Woche abgewöhnt ghabt. Gesse wird dahemm, hab ich gsacht und des in jedere Beziehung."

„Awwer irchendwann hat em offenbar nimmer gschmeckt, was du emm uffgetischt hast, sonst wär er damals nicht fremdgange." Annette Löffler, gerade mal drei Jahre verheiratet, konnte sich diese etwas boshafte Bemerkung nicht verkneifen. Die Reutherin trug ihr manchmal einfach zu dick auf. „Mei Christoph dürf mach was er will", fuhr sie fort. „Wenn er ins Wirtshaus will, dann sach ich nix. Wenn er dann hemm kommt is er immer so locker und richtich gut drauf …" Sie verdrehte in vieldeutiger Mimik die Augen.

„Dass ihr junge Dinger aber a immer nur an des enne denk müsst", ließ sich Veronika Busch mit missbilligendem Tonfall vernehmen. „Da bin ich wirklich froh, dass ich des Theater nimmer hab. Gott sei Dank kann sich mei Friedrich wahrscheinlich gar nimmer dran erinner, wann er des letzte Mal dran gedacht hat, dass es da a no was annersch gäb könnt als Schoppe. So gsenn hat der Stammtisch a was guts." Sie grinste vor sich hin.

„Mädels", ergriff Sabine das Wort, „wenn euch des Verhalte von eure Mannsbilder so stört, müsst ihr halt was dageche unnernämm! Des rumgejammer bringt doch nix!"

Im Raum der Bücherei trat Stille ein. Ein Zeichen dafür, dass Sabine einen Nerv getroffen hatte.

„Ja, unn was solle mer mach?", stellte Veronika schließlich die Frage, die unausgesprochen auf den Stirnen der Frauen stand. „Mer könne se doch nit anbind."

„Des braucht's a gar nit. Wir müsse dene alte Stammtischhocker nur klar mach, dass sich nit alles nur um sie dreht."

„Unn wie stellst du dir des denn vor?", wollte Annette wissen.

Sabine gab ihren Geschlechtsgenossinnen einen Wink, dass sie sich um den kleinen Tisch versammeln sollten, was die Damen auch taten. Monika und Magdalena, die die ganze Zeit schweigend zugehört hatten, legten ihr Strickzeug zur Seite und rückten ebenfalls näher. Was dann unter dem Siegel der Verschwiegenheit besprochen wurde, sollte in der Folge für einige Unruhe im Dorf sorgen.

Etwa zwei Monate später

Es war Samstagabend, kurz nach zwanzig Uhr. Eine Uhrzeit, zu der die Theilheimer Bürger üblicherweise daheim ihr traditionelles wöchentliches Wannenbad genossen, um sich anschließend in den Fernsehsessel zu setzen und das Abendprogramm zu genießen.

Aber heut war alles anders. Im Hinterzimmer des Gasthauses „Zur fröhlichen Winzerin" saßen neun gar nicht so fröhlich wirkende Herren im Alter zwischen achtundzwanzig und neunundsiebzig Jahren um einen runden Tisch versammelt. Alles ehrenwerte Weinerzeuger, deren Erzeugnisse auf den Hängen rund um Theilheim gediehen. Sie alle waren honorige Mitglieder des Stammtisches mit dem angeblich französischen Namen „SchüttdieBrühno". Fast vollzählig hatten sie sich heute versammelt, um ein Problem zu besprechen, das an den Grundfesten der gewachsenen Ordnung in Theilheim rüttelte und dringend der Lösung bedurfte. Die Stimmung war gedrückt, um nicht zu sagen ernst.

Jeder alteingesessene, männliche Winzer im Ort, der etwas auf sich hielt, gehörte diesem Stammtisch an. Wobei alteingesessen mit eingeboren gleichzusetzen war. Alle andern waren „Fremme", selbst wenn sie schon seit Jahrzehnten im Dorf ansässig waren, und hatten bei dieser eingeschworenen Gemeinschaft nichts zu suchen.

Schon seit Wochen standen die Ampeln im Dorf zwischenmenschlich gesehen auf knallrot und alle Alarmglocken läuteten Sturm! Dies natürlich nur im übertragenen Sinne, da es tatsächlich im Dorf weder eine Ampel noch eine Alarmglocke gab, wenn man einmal von der Sirene der Freiwilligen Feuerwehr absah. Aber deren nervtötendes Geheul konnte man beim besten Willen nicht als Glockenklang bezeichnen.

Alten Traditionen gehorchend waren die Herren Weinerzeuger gerne und oft dem Ruf zum Stammtisch gefolgt, wobei es dann schon einmal vorkommen konnte, dass sie sich aufgrund der lang andauernden Diskussionen irgendwie festsetzten, also mit dem Hintern nicht mehr hochkamen und daher häufig wesentlich später als erwünscht wieder im heimischen Weingut, beim liebenden Eheweib, aufschlugen. Wobei dies nach ganz besonders anstrengenden „Gesprächen" durchaus wörtlich zu verstehen war ... das mit dem Aufschlagen.

Umstände, die die Angetrauten dieser Weinerzeuger, gelinde gesagt, als höchst unerfreulich empfanden und aufgrund derer sie, je nach Temperament, ihrem jeweiligen Gatten bei der Heimkunft eine mehr oder weniger geharnischte Gardinenpredigt hielten, die durchaus auch mit nachdrücklichen körperlichen Verwarnungen einher gehen konnte.

Alles Umstände, welche die Herren Weinerzeuger bisher durchaus mannhaft ertragen hatten, da diese Ermahnungen sowieso aufgrund eines höheren Alkoholspiegels am nächsten Tag der Erinnerung des Gescholtenen wieder entfleucht waren. Alles wäre gut gewesen, wenn ..., ja wenn diese Angelegenheit nicht in den letzten Wochen plötzlich auf eine Art und Weise eskaliert wäre, die massiv an den Grundfesten der von Gott gewollten Ordnung dieses Dorfes rüttelte.

„Alles hätt ich von meinere Veronika erwart, nur des nit", gab Friedrich Busch, genannt Fritz, der älteste der anwesenden Winzer mit vor Erschütterung gebrochener Stimme seine Meinung wieder. Er war der Älteste der Runde, seit achtundvierzig Jahren verheiratet und das mit derselben Frau.

„Ich möcht nur wiss, wer unserere Fraae den Flo ins Ohr gsetzt hat", brummte Günter Zeiger ziemlich gran-

Ihre Meinung ist uns wichtig!

Welchem Buch haben Sie diese Karte entnommen?

_____

Erfüllt das Buch inhaltlich Ihre Erwartungen?

_____

Wie gefällt Ihnen die Gestaltung des Buches?

_____

Was würden Sie an diesem Buch gerne anders wünschen?

_____

☐ Senden Sie mir bitte Ihren Neuerscheinungsprospekt
    ☐ einmalig   ☐ regelmäßig
☐ Informieren Sie mich bitte per E-Mail über Ihre
    Neuerscheinungen

www.echter.de

Wie sind Sie auf das Buch aufmerksam geworden?

☐ Prospekt
☐ Rezension
☐ Anzeige in Zeitschrift
☐ Empfehlung des Buchhändlers
☐ Homepage des Verlages
☐ Internet allgemein
☐ Andere _____

Vor- und Zuname

Beruf

Straße/Hausnummer

PLZ/Ort

E-Mail

Ich interessiere mich vor allem für Literatur aus den
Bereichen

☐ Religion/Theologie   ☐ Gemeindearbeit/Pastoral
☐ Franken/Bayern   ☐ Lebenshilfe/Meditation

Schicken Sie Ihren Katalog auch an:

Vor- und Zuname

Straße/Hausnummer

PLZ/Ort

Antwort

Echter Verlag
Dominikanerplatz 8

D-97070 Würzburg

tig vor sich hin. „Wenn ich den Kerl derwisch, kann er was erleb, sach ich euch."

„Ich gläbb, des ham die Weiwer selber ausgheckt", gab Theo Häfner seine Meinung zum Besten. „Die hocke doch jede Woche in dere Pfarrbibliothek zusamme. Angeblich, weil se Bücher ausleihe. Für die paar Hansele, die da nei gehen, brauchts doch ke neun Fraae. Stell dir des doch nur a mal vor, neun Fraae in so enere Bibliothek, stundenlang, ohne vernünftiche Beschäftichung, da kann doch nix gscheits dabei raus komm."

„Habt ersch ghört!", der Glocks Sebastian hatte sich ruckartig aufgesetzt und den Zeigefinger erhoben. „Jetzt kreische se widder!"

Stille legte sich über den Stammtisch und alle stellten die Lauscher. Tatsächlich war, gedämpft zwar, aber für kundige Ohren eindeutig, lautes Lachen aus weiblichen Kehlen zu hören.

„Unn dahemm hockt unner Oma und muss auf die Kinner uffpass", grollte Leon Reuther, der deutlich das Lachen seiner Ehefrau Sabine herausgehört hatte. Sabine hatte schon immer eine Lache, die einem durch Mark und Bein ging. Besonders wenn sie ein paar Schoppen gezwickt hatte, was augenblicklich der Fall zu sein schien. „Wenn des ke Skandal is, dann wäss ich nimmer!"

„Damals bei unserer Trauung hat der Pfarrer gsacht, dass die Frau dem Manne untertan sein soll. Unn se hat nix dagehe ghabt. Was mei Veronika awwer jetzt grad mecht, ist glatter Vertragsbruch! Wenn i nit so alt wär, tät ich mir wirkli überlech, ob ich ihr nit kündich." Friedrich Busch war wirklich tief erschüttert.

„Dem Manne untertan?", wiederholte Christoph Löffler ungläubig. „Des stammt doch aus'm vorvorigen Jahrhundert. Siehst doch, was se mache. Pfeifedeckeles mit untertan! Ich hab mei Annette heut wie se ausm Haus gange is, gfracht, wenn se widder hem kommt. Hat se gsacht um Halb! Einfach nur ‚um Halb'. Dabei is des mei Spruch. Da siehste widder mal, was des Fernsehen aus die Weiwer macht! Überall rede se nur von Unabhängichkeit und Gleichberechtigung! Unn in der Werbung renne nur so gschminkte Hungerhake rum, die sich mit alle mögliche Mitteli einschmiern, damit se ke Falte krieche. Als ob des unser Küh interessiere tät, ob mei Fraa beim Melke Falte im Gsicht hat oder nit. Jetzt dürf ich des immer mach, weil der Stalldunst ihrn Teint ruiniert. Ke wunner, dass ich ständig zu spät zum Stammtisch komm."

Wieder schallte durch die Wand ein lang anhaltendes weibliches Gelächter an die Ohren der Stammtischrunde.

„Bestimmt führt sich der Wirt, der Elmar, widder uff wie so enn geiler Gockl. Ständig schwänzelt er um dere ihrn Tisch rum. Der kommt ja kaum noch rüber um uns en Schoppe zu bringe." Berthold Stark nahm einen kleinen Schluck von seinem Silvaner. „Mer traut sich ja fast nix mer zu trinke, wäche dene verflixte Weinberchsschnecke."

Der Lipperts Schorsch, ein eher ruhiger, nachdenklicher Typ, rieb bedächtig den Beschlag von seinem Weinglas. „Leut, vielleicht ham mers efach a bissle übertriewe. Manchmal ham mer scho ab bissle über die Sträng ghaut. Gläbb ich wenigstens …"

Unwilliges Geraune im Kreis der Stammtischbrüder war die Reaktion auf diese Selbsterkenntnis.

„Was hässt da üwer die Sträng ghaut? Wenn mer die ganze Woche hart im Wengert schufft muss, kann mer sich am Wocheend doch ens bis fünf Schoppe gönn. Irchendwoher muss die Kraft doch komm!" Beifälliges Gemurmel quittierte die Aussage von Edwin Kippler. Er sah sich besonders in der Pflicht gegen diese misslichen Entwicklungen anzusprechen, weil seine Frau Monika mit eine der Hauptorganisatorinnen dieses Aufstands gegen die göttliche Ordnung war.

„Wie is denn dei Fraa uff die verrückte Idee komme, diesen Weiwerstammtisch DIE WEINBERGSSCHNECKE zu gründe?", wollte Günter wissen. Er sprach den Namen nur gedämpft aus, weil es bei der Nennung den Herrn dann immer eiskalt den Rücken hinunter lief.

Kippler zuckte mit den Schultern. „Vielleicht weil ich se immer Schneckele genannt hab. Früher halt. … Ich meen ganz früher."

„Unn, was ham mer jetzt davo? Se ham einfach unsern Stammtischabend geklaut und hocke sich jetzt a no an unsern runde Tisch. Des is doch a Provokation sondergleichen!"

Berthold Stark traten vor Zorn die Adern auf der Stirne hervor.

„Unn der Wirt, der Schlappsack, mecht a no mit", goss Friedrich Öl ins Feuer. „Mir müsse uns hier im Hinnerzimmer rumdrück, als hätte mer was angstellt."

„Awwer a nur, weil sei Fraa mit am Stammtisch hockt", ereiferte sich Edwin.

Günter Zeiger sah ganz unauffällig auf seine Armbanduhr. Dann griff er sich sein Schoppenglas, nahm einen langen Schluck und trank es aus.

„Was isn los mit dir?", wollte Friedrich, der Günters Verhalten sehr wohl registriert hatte, wissen und warf ihm einen prüfenden Blick zu. „Hasts eilich?"

Günter Blick wirkte etwas unstet. „Nääää, eichentlich nit, awwer unner Oma passt uff unser Klenns uff. Sie is gsundheitlich a wenig angschlache. Mache-Darm-Probleme. Da hab ich gsacht, dass ich nit so spät hemm komm."

„So, die Oma, Mache-Darm-Probleme", ließ sich Leon Reuther etwas spitz vernehmen. Er war als einziger in der Runde unverheiratet und ärgerte sich etwas über seine Stammtischkollegen, die hier ziemlich bedröbbelt herumsaßen und jammerten.

Von der Wirtschaft herüber konnte man plötzlich lauten Gesang aus weiblichen Kehlen vernehmen. Offenbar hatten die Weinbergsschnecken ihre Liebe zum fränkischen Liedgut entdeckt.

„Also, wenn der Günter geht, dann geh ich a mit.

Heut Abend kommt im Fernsehn a Krimi, den ich mir anschau will." Schorsch Lippert trank ebenfalls sein Glas leer.

„Gell, wenn dei Magdalena am Stammtisch hockt, ghört die Fernbedienung heut ausnahmsweise mal dir", spottete Leon und grinste.

Die Tür ging auf und der Wirt kam herein. Mit ihm drängte sich lauter Gesang der Weinbergsschnecken ins Hinterzimmer.

„Darfs noch was sei?", wollte er wissen. Dabei wies er mit dem Daumen hinter sich in Richtung Gaststube. „Euer Weinbergsschnecke sinn awwer heut widder besonders gut druff."

„Schmarr nit so blöd rum", gab Friedrich gereizt zurück. „Ich zahl. Wenn ihr alle hemm geht, dann hock ich mich a nit allens da rei."

Obwohl auf Leon daheim niemand wartete, brach er ebenfalls auf. Er würde halt noch auf einen Sprung bei Renate, der Weinprinzessin des Dorfes vorbei gehen. Sie war wirklich ein ausgesprochen gut aussehendes Exemplar einer Weinbergsschnecke, obwohl sie nicht zu diesem aufmüpfigen Stammtisch gehörte, und ausgesprochen lieb.

Der Wirt stand unter dem Eingang seiner Wirtschaft und sah den Männern nach, wie sie sich mit hängenden Köpfen über die Dorfstraße davontrollten. Er machte sich keine echten Sorgen, dass die zwischenmenschlichen Spannungen im Dorf lange anhalten würden. Früher oder später würde sich die alte Ordnung wieder einstellen.

Auf dem Weg zur Küche fiel ihm ein, dass er ja noch die Menükarte für das nächste Wochenende aufstellen musste. Es war die Feier des Kirchenpatrons und erfahrungsgemäß war dann die Wirtschaft gerammelt voll. Diesmal wollte er etwas ganz Exquisites auf die Speisenkarte schreiben. Kurz hatte er einen Gedanken, doch verwarf er ihn schnell wieder. Er konnte sich nicht vorstellen, dass Weinbergsschnecken bei seinen männlichen Gästen dieses Jahr gut ankommen würden.

EUSSENHEIM mit rund 3.300 Einwohnern, liegt im Werntal. Schon im 16. und 17. Jh. wurde Eußenheim als Wein- oder Häckerdorf bezeichnet. Heute präsentiert sich der Weinort mit seiner anspruchsvollen Weinlage „Eußenheimer First". Zwei private Weingüter sowie eine Winzergenossenschaft bauen seit Jahren erfolgreich unter dem Motto „Frischer Wein aus alten Kellern" nicht nur ihren Wein aus, sondern immer mehr Produkte wie Sekt, Secco und Edelbrand an. Der Einfallsreichtum der Damen und Herren Weinerzeuger war sehr ausgeprägt. So kam es immer wieder zu kulinarischen und kulturellen Höhepunkten rund um den Wein.

Diese Vorzüge wurden auch von den Schoppenfetzern aus Würzburg sehr wohl zur Kenntnis genommen – wie auch die flüssigen Erzeugnisse des Ortes gerne genossen wurden. Wiederholt kam es zu Einladungen der Eußenheimer Winzer zur Lese, die die Stammtischbrüder, so sie Zeit fanden, gerne annahmen.

An einem Lesetag war es besonders heiß, so dass der Winzer dafür sorgte, dass seine Gäste auch ausreichend Flüssigkeit zu sich nahmen. Bevorzugt tranken sie dabei einen „Gespritzten", ein Schorle aus Wasser und einem Schuss Wein zur geschmacklichen Verbesserung. Für gewöhnlich werden bei der Vesperpause keine tiefschürfenden Themen diskutiert, aber dieses Mal kam der Winzer auf einen vor kurzem verstorbenen Bürger zu sprechen und erwähnte den aufwändigen Leichenschmaus, den seine Witwe nach der Beerdigung ausgerichtet hatte.

„Bei uns in Franken hat der Leichenschmaus ja eine ganz besondere Bedeutung bei der Trauerarbeit der Hinterbliebenen", stellte Xaver Marschmann fest. „Ich hab da mal einen Leichenschmaus mitgemacht, der war schon sehr typisch und zugleich von besonderer Art ..."

Fei wirkli a schöne Leich

Das mit dem Sterben ist schon so eine Sache. Obwohl es jeder Mensch, je nach Alter, irgendwann in näherer oder fernerer Zukunft irgendwie hinter sich bringen muss, wird oft von vielen schon frühzeitig ein ziemliches Gezeter darum erhoben. Dabei denkt keiner an den armen Sensenmann, dem man damit seinen harten Job auch nicht gerade erleichtert. Die Menschenkinder, die nach einer ordentlichen Lebensspanne mit einer gewissen Gelassenheit feststellen „Jetzt hats sichs halt. Gotts Wille, jetzt sterb mer halt a bissele", sind relativ selten.

Einer von diesem seltenen Schlag war der Fischers Toni aus Eußenheim. Ein hagerer, vierschrötiger Winzer, der Zeit seines Lebens tief in seinem Weinberg und seinem Weinglas verwurzelt gewesen war.

Es war ein nasskalter Novembersonntag, ein Tag mit Graupelschauern und leichten Bodenfrösten. Mithin ein Tag, den man am liebsten mit einer Tasse Tee mit Rum oder einer heißen Schokolade in der warmen Stube mit einem guten Buch oder vor der Glotze verbrachte. Diesen Tag hatte sich der Herrgott für den Toni zum Sterben

ausgesucht. Im Sommer hatte er noch seinen sechsund-
siebzigsten Geburtstag gefeiert und das ordentlich, so
wie der Toni sein Leben lang das Feiern geschätzt und
praktiziert hatte. Am Samstag war er, wie jede Woche,
im Gasthaus Zum Stern gewesen und hatte gemütlich
seine zwei obligatorischen Schoppen Silvaner vom Eibel-
städter Kapellenberg genossen und dazu eine Zigarre
geraucht.

In der Nacht vom Samstag auf Sonntag hatte dann
unvermutet der knochige Reisende an seine Türe ge-
klopft. Der Toni hatte sich zwar ein wenig gewundert,
weil sich der Gevatter in keiner Weise vorher angekün-
digt hatte, war ihm aber dann widerspruchslos auf die
große Reise gefolgt. Sein Weinberg war bestellt und lag
unter einer dicken Schneeschicht. Der Winter war für
einen Winzer durchaus eine gute Zeit, um sich für immer zu verabschieden.

Seine Frau, die Elfriede, die neben ihm geschlafen
hatte, hatte davon, dass der Toni das Atmen einfach eingestellt hatte, nichts mitbekommen. Still und leise hatte
er sich auf den Weg gemacht.

Am Sonntag stand die Elfriede immer etwas früher
als ihr Toni auf, weil sie vor der Frühmesse noch den
Kloßteig fürs Mittagessen ansetzen wollte. Sonntags gab's
immer Schweinsbraten, selbstgemachte Klöße und Blaukraut. Da der Toni nicht unbedingt zu den passionierten
Kirchgängern gehörte, ließ sie ihn weiterschlafen. Sie
wunderte sich nur, dass er heute nicht schnarchte. Als sie

einige Zeit später den Mantel aus dem Schlafzimmerschrank holte, um sich für den Kirchgang fertig zu machen, stellte sie fest, dass ihr Mann immer noch keinen Sägelaut von sich gab. Jetzt warf sie ihm einen genaueren Blick zu. Als sie erkennen musste, dass der Toni heute und auch zukünftig keinen Schweinsbraten mehr benötigte, fuhr ihr der Schreck durch alle Glieder. Wie friedlich schlafend ruhte er in seinem Bett. Auf seinem Gesicht lag ein leicht spitzbübischer Ausdruck, wie sie ihn so schon lange nicht mehr bei ihm bemerkt hatte.

Nachdem Elfriede den ersten Schrecken überwunden hatte, ging sie hin und faltete ihrem Toni die Hände. Anschließend betete sie ein Vaterunser. Trotz allem Schmerz hatte sie irgendwie das Gefühl, dass es gut war, so wie es war.

Danach griff Sie zum Telefon und verständigte den Hausarzt. Der wohnte im Nachbarort und war zehn Minuten später da.

„So was, hat sich der Toni so einfach davongemacht", stellte der ruhig fest, machte eine kurze Kontrolluntersuchung, dann füllte er den Totenschein aus und kreuzte „Natürlicher Tod" an. Damit war die Sache aus medizinischer Sicht erledigt. Große Einnahmen hatte er durch den Toni nie gehabt. Der hatte weitgehend nach dem Motto gelebt: „A Krankheit die von selber kommt, geht a widder von selber."

Elfriede rief ihre beiden Kinder, die Marga und den Edwin, an, die beide im Dorf verheiratet waren. Sie halfen ihrer Mutter, den Vater zu waschen und ihm seinen dunklen Anzug anzuziehen. Eine Stunde später kam das Beerdigungsinstitut „Himmelreich" angefahren, bettete den Toni in einen Eichensarg und fuhr ihn zum Leichenhaus beim Friedhof. Dort wurde der Toni aufgebahrt. Wegen der herrschenden Kälte musste man keine besonderen Kühlmaßnahmen ergreifen. Der Toni würde sich bis zur Beerdigung frisch halten.

Die Beisetzung am nächsten Samstagnachmittag war sehr würdevoll. Der Herr Pfarrer aus dem Nachbarort, der mehrere Gemeinden seelsorgerisch zu betreuen hatte, fand ein paar allgemeingültige Worte im Neuen Testament, die bei wohlwollender Sichtweise auch auf Toni anzuwenden waren und nutzte gleich die Gelegenheit, um seinen Schäflein wieder einmal die Vergänglichkeit des Seins, die Pein des Fegefeuers und die möglichen Höllenqualen eindringlich vor Augen zu halten.

Wie auf dem Land üblich, war fast die ganze Gemeinde beim Trauergottesdienst vertreten. Die anwesende Verwandtschaft bestand aus einer ganzen Anzahl von Geschwistern, Nichten und Neffen, Schwägerinnen und Schwägern.

Beim Gang zum Grab trugen die Feuerwehr und der Vorstand des Gesangvereins ihre Fahnen vorweg. Am offenen Grab wurden entsprechende Reden gehalten, in denen der Toni über den Schellober gelobt wurde.

Auf Elfriedes Bitte hin hatte es Tonis Bruder Franz

übernommen, am Grab verschiedene Trauergäste diskret zum anschließenden Leichenschmaus in den Stern einzuladen. Die Elfriede wusste, wie genau insbesondere die weiblichen Gläubigen am Grabe darauf achteten, dass von ihr auch alle Rituale und Gebräuche eingehalten wurden. Dazu gehörte selbstverständlich auch ein anständiger Leichenschmaus. Hielt man sich nicht dran, kam man schnell in Gerede.

Eine halbe Stunde später hatte sich die ganze Trauergesellschaft um die lange Tafel versammelt, die der Sternwirt im Hinterzimmer seiner Wirtschaft aufgestellt hatte. Wie es sich gehörte, waren alle entsprechend dem in Trauerfällen üblichen Dresscode in Schwarz gekleidet.

Die Bedienungen trugen Kaffeekannen auf den Tisch. Kaffee mit Koffein und Kaffee ohne, für die mit den schwachen Herzen.

„Greift fei zu", forderte die Witwe mit gedämpfter Stimme auf und wies auf die verschiedenen Kuchen und Torten, die auf einem Tisch aufgereiht standen. Ihre Kinder und mehrere Frauen aus der Nachbarschaft hatten gebacken.

Einige männliche Gäste von der Feuerwehr bestellten sich erst einmal ein Bier für den Durst. So eine Beerdigung war anstrengend.

Schnell bildete sich am Kuchenbüfett eine Schlange. Die Michels Eva wandte sich zu der hinter ihr stehenden Gunderts Marie und flüsterte: „Haste den Käskuche gsähe? Der ist bestimmt von der Wohlfahrts Else. Der sieht jetzt scho so trocke aus, als hätt er a Woche in der Sonne gstanne."

„Wahrscheinlich hat se widder mit de Zutate geknausert. Mir hat se mal im Vertraue gsacht, dass sie in enn Käskuche grundsätzlich abgelaufenen Quark nei tut. Sie sacht, des merkt e kenner unn billicher is es a."

Eva Michel schüttete den Kopf. „Dass die sich nit schämt! Der Apfelstrudl dort drüwe sieht ja ganz gut aus. Hoffentlich ham se dazu a e gscheide Vanillsoß unn kenne aus'm Päckle."

„Des merkt mer als Hausfrau sofort", gab Marie Gundert zurück und deutete auf eine Schwarzwälder Kirschtorte. „Die is gekäfft, da wett ich druff."

„Dann kann mer se wenichstens ess", gab die Michlerin zurück und lud sich gleich ein ordentliches Stück auf den Teller, dann wies sie auf einen gedeckten Apfelkuchen. „Den kann ich der empfehl, der is von mir. Is a Rezept von meinere Mutter selich."

„Du dankschön, später vielleicht", gab Marie Gundert zurück. „Ich muss immer erst a Stückle trockene Kuche ess, da von dem Marmorkuche zum Beispiel, sonst kriech ich immer Sodbrenne. Aber gut ausschaue tut er, wirkli."

Die beiden nahmen wieder ihre Plätze ein

In der Ecke, wo die Männer der Freiwilligen Feuerwehr in ihren Uniformen zusammen saßen, hatte der Wirt bereits die zweite Runde Bier ausgeschenkt.

„Sach a mal, Albert, hast du scho a mal bei der Elfriede a weng vorgfühlt, was se jetzt mit dene Wengert mach will?" Josef Zeitler, ein Winzer, der schon seit Jahren seinen Betrieb vergrößern wollte, sah sein Gegenüber, den Rainer Wolz, prüfend an. „Du bist doch der Nachber vonere. Hat se noch nix gsacht?"

„Jetzt warts doch a mal ab. Der Toni ist doch no nit richtich kalt und du denkst nur an die Wengert. Wässt du ob sei Junior nit weitermach will?"

„Des kann i mir nit vorstell", gab der Josef zurück. „Da müsst doch erscht a mal richtich investiert wär, unn da is doch nit viel da." Er rieb bezeichnend Daumen und Zeigefinger aneinander. „Der Toni hat aus dem Hof doch nit viel raus gholt. Awwer du hast recht, mer sollt vielleicht noch a bissle wart. Vielleicht mecht mer dann a günstigs Schnäpple." Er lachte satt und bestellte sein nächstes Bier.

„Also, Herr Pfarrer, des hams se wirkli widder so schö gemacht", stellte Reinhilde Burgmüller mit lauter, knarrender Stimme fest. Sie war siebenundsiebzig und seit fast dreißig Jahren Witwe. Sie war eine der eifrigsten Kirchgängerinnen in Eußenheim und beanspruchte im Gotteshaus in der dritten Reihe von vorne, am Innengang, ihren Stammplatz, den sie mit einem Sitzkissen bequemer gestaltet hatte und daher gegen Jedermann nachdrücklich verteidigte. „Sie finde a immer die richtiche Worte. A für so en Heiden wie der Toni enner war."

„Nun, Heide ist sicher etwas hart ausgedrückt, liebe Frau Burgmüller. Er war immerhin getauft. Der Herr wird sich bestimmt seiner armen Seele erbarmen", gab Pfarrer Hausgräber kurz zurück, weil sich sein Hauptinteresse im Augenblick auf das Kuchenbüfett richtete. Er hatte heute kein Mittagessen gehabt, weil seine Pfarrköchin eine Woche Urlaub hatte.

Die Burgmüllerin dachte aber gar nicht daran, das Thema so schnell fallen zu lassen. Es kam ja nicht jeden Tag vor, dass der Herr Pfarrer in ihrer Nähe platziert war und ihrem Wortschwall nicht ausweichen konnte. „Ja, ja, unner Herrgott hat scho an große Tiergarte. Als junger Bursch soll der Toni ja enn ziemlicher Hallodri gewäse sei. Ich wäss gar nicht, ob die Elfriede des überhaupt wäss. Mer sollt ihr vielleicht die Ache öffn. Ich sachs ja immer, mit dene Mannsbilder hat mer nur Ärcher." Sie stutzte kurz, dann ergänzte sie: „Anwesende natürlich ausgenomme, Hochwürden. Außerdem sinn sie ja eichentlich a gar ke so a richticher Mann. Ich meen, a Mann in dem eichentlichen männliche Sinn, gewissermaße. Weche dem Zölibat unn so. Sie verstenn mi scho." Sie merkte, dass sie sich etwas vergaloppiert hatte.

Der Herr Pfarrer erhob sich. „Ja, ja, ist schon gut, Frau Burgmüller. Ich werde mir jetzt erst mal ein Stück Kuchen holen und mich dann mal zu der armen Witwe setzen. Sie bedarf sicher des Trostes." Er schob sich hinter dem Tisch hervor und marschierte zum Büfett, froh dieser Schwaflerin entflohen zu sein.

Eineinhalb Stunden später wurde der Kuchen abgetragen und Platten mit belegten Broten auf die Tische gestellt. Dazu bot der Wirt verschiedene Schoppen an. Die Gäste griffen sofort zu, als wären sie total ausgehungert. Der Wunsch der Leute, nach dem süßen Kuchen etwas Deftiges zu schmecken, war sehr ausgeprägt.

Bei den Winzerkollegen, die sich ebenfalls zusammen gesetzt hatten, wurde diese kulinarische Angebotsänderung freudig aufgenommen. Bald standen vor den meisten Gästen wohl gefüllte Schoppengläser. Werner Stumpf, der Bürgermeister, der selbstverständlich auch nicht fehlte, stand von seinem Platz auf und hob sein Glas: „Also ich tät sach, mer trinke jetzt erst mal uff den Toni, damit er die ewige Ruhe a genieß kann. Zum Wohlsein!" Alle tranken einen kräftigen Schluck und der Bürgermeister ließ sich wieder nieder.

„Mer soll ja über Tote nix schlechts sach", warf Burkhard Kellermann, der Vorsitzende vom Schützenverein, ein, während er sich vier belegte Brötchen auf den Teller schob, „awwer a wenig krachert war er scho. Denkst de vielleicht, er hätt uns sein Wein beim letzte Schützefest a weng günsticher gäwe? Nit ums Verrecke!" Da er schon einige Schoppen intus hatte, merkte er gar nicht, dass er deutlich lauter sprach, als es in dieser Situation eigentlich angemessen gewesen war.

„Ich wäss gar nit, was du willst", konterte Oskar Stammel, der ihm schräg gegenüber saß, vernehmlich zurück, „du lässt doch a kenn Cent nach. Warum hast denn du nit dein Wein hergäwe? Awwer über die annere rummecker!"

„Ich hab des nur nit gemacht, weil ich nit wollt, dass es hässt, ich tät in die eichene Tasch wirtschaft", erwiderte Burkhard und bekam einen hochroten Kopf.

„Gleich komme mer die Träne", stänkerte Stammel und machte eine wegwerfende Handbewegung. Der Burkhard Kellermann hatte ihm einmal bei einer Weinprämierung den Rang abgelaufen. Seitdem ließ er kein gutes Haar an ihm.

„Blöder Schmarrer", behielt Kellermann das letzte Wort.

„Jetzt gebbt endlich a mal a Ruh", knurrte der Bürgermeister.

Auch die Witwe und ihre beiden Kinder gönnten sich jetzt einen Schluck Wein. Der Pfarrer hatte sich zu ihnen gesetzt und formulierte wohl gesetzte Worte des Trostes. Auch er war ein Freund des Frankenweins und konnte einen ordentlichen Schluck vertragen – wenn er nichts kostete. Was er auch tat.

Als die Dämmerung schon hereingebrochen war, stimmten einige Feuerleute, die auch Mitglieder im örtlichen Gesangsverein „Die Frankenkehlen" waren, das Lied „Ich hatt einen Kameraden" an und alle Gäste stimmten mehr oder weniger melodisch mit ein.

Die Witwe zückte ein Taschentuch und vergoss einige Tränen. Auch einige der anwesenden Damen waren tief gerührt.

Daraufhin gab der Wirt im Auftrag von Tonis Sohn als Dank und Anerkennung für die Sänger eine Runde hochprozentigen Zwetschgenschnaps aus.

„Toni, wir werden dich nie vergessen!", rief der Feuerwehrkommandant und hob das Glas. „Toni, sollst leben!" Die Trauergäste stimmten aus vollem Herzen mit ein.

Um 19.00 Uhr erhoben sich die Witwe und die Kinder und verabschiedeten sich von den Gästen. Ein Teil, auch der Herr Pfarrer, war schon gegangen. So wie es aussah, wollte noch ein harter Kern bleiben und der Trauer um den Heimgegangenen weiter nachhaltig Ausdruck verleihen.

Die Elfriede gab daher dem Wirt den Hinweis, dass er alles, was noch getrunken werden würde, auf ihre Rechnung schreiben lassen sollte.

Zu fortgeschrittener Stunde wurden die Lieder lustiger und der eine oder andere kernige Witz brachte Zwerchfelle in Erschütterung.

Es war kurz vor Mitternacht, als die letzten Trauergäste das Wirtshaus verließen. Obwohl es kaum Wind hatte, wankten die Herren wie Pappeln im Wind.

Burkhard Keller und Bürgermeister Stumpf hatten gemeinsam den längsten Nachhauseweg. Auf halber Strecke mussten die Herren mal seitlich wegtreten, um dem durchlaufenden Schoppen freie Bahn zu lassen.

Keller stierte nachdenklich in die Nacht, dann brummelte er: „Also, über den Toni, kann mer sach was mer will, awwer des war heut fei wirkli widder a mal a schöne Leich."

„Jawoll", echote Stumpf, „fei wirkli a schöne Leich."

Kam die geisterhafte Stimme von Toni aus dem Dunkel der Nacht: „Ja, ihr versoffene Lumpe, ich muss sach, ich war wirkli a schöne Leich."

Dann war Stille. Zuerst waren die beiden Zecher wie erstarrt, dann rannten sie nach Hause, so schnell sie ihre Füße trugen.

THÜNGERSHEIM am Main, rund 2.700 Einwohner, liegt am linken Oberschenkel des Maindreiecks. Mit über 200 Hektar Weinanbaufläche ist Thüngersheim einer der größten Weinbauorte Frankens. Bekannte Weinlagen sind Scharlachberg, Johannisberg und Ravensburg, auf denen hervorragende Weiß- und Rotweine gedeihen.

Die Einladung eines Winzers nach Thüngersheim nahmen die Schoppenfetzer gerne an, weil sie dorthin unproblematisch mit der Bahn anreisen konnten. Vom Bahnhof aus waren es nur wenige Gehminuten bis zu ihrem Winzer, der sie schon erwartete. Auf einem Anhänger an einem Weinbergstraktor konnten sie aufsitzen und wurden dann hinauf auf die Wengertshöhen transportiert, wo die Reben schon auf sie warteten.

Während sich die Truppe die steilen Wengertshänge hinaufarbeitete, fuhr plötzlich vor Erich Rottmann ein Feldhase aus seiner Sasse und flüchtete mit Vollgas die Rebzeile hinauf. Das war eigentlich kein so besonderes

Ereignis, weil es immer wieder vorkam, dass Rehe und Hasen, die sich zwischen dem dichten Weinlaub sehr sicher fühlten, aufgejagt wurden.

Erich Rottmann sah dem flinken Meister Lampe hinterher, wie er Haken schlagend aus dem Blickfeld verschwand.

Ron Schneider, der in der nächsten Zeile las, bemerkte Rottmanns Interesse und meinte: „Na, der hätte auch einen ordentlichen Braten abgegeben."

Rottmann wischte sich den Schweiß von der Stirne, dann entgegnete er: „Ron, erinnere mich mal bei der Brotzeit dran, dass ich euch in dem Zusammenhang eine ganz spezielle Story erzähle." Ron Schneider nickte, dann arbeiteten sie weiter.

Um die Mittagszeit legten sie eine wohlverdiente Pause ein. Nachdem sich Rottmann gestärkt hatte, meinte Ron Schneider: „Jetzt lass deinen Schwank schon raus."

Rottmann überlegte einen Augenblick, dann begann er ...

Rehbraten in Burgundersoße

Der Schlauers Stefan und der Klüpfels Henner aus Thüngersheim waren beide eingeborene Winzer dieses bekannten Weindorfs am Main. Der Stefan war ledig und Mitte dreißig, der Henner hatte gute zehn Jahresringe mehr auf seinem Lebensbaum und war Witwer. Die Weingüter der beiden Winzer lagen nicht weit auseinander, so dass sie sich praktisch täglich über den Weg liefen.

Stefan hatte eine fünf Jahre ältere, ebenfalls ledige Schwester, die Rosemarie, die im Betrieb mitarbeitete.

Schon seit einem guten Jahr hatte Stefan ein Auge auf die Anna-Maria, die Tochter von Henner, geworfen. Das Mädchen sah Gott sei Dank seinem Vater überhaupt nicht ähnlich, war also ausgesprochen hübsch und wohl gebaut. Eine Umstand, der, am Rande angemerkt, den Leser nicht sonderlich verwundern dürfte, wachsen doch in allen weinfränkischen Dörfern ausgesprochen gut aussehende Mädli heran.

Von Kind an mit dem Wein aufgewachsen, hatten die Thüngersheimer Bürger Anna-Maria vor fünf Jahren zur

Weinprinzessin auserkoren. Ein Amt, das sie seinerzeit ein Jahr lang bravourös gemeistert hatte. Im Augenblick studierte sie Betriebswirtschaftlehre. Natürlich war dem Stefan nicht entgangen, dass Anna-Maria offenbar keinen festen Freund hatte. Stefan, der absolut nicht schüchtern und bestimmt kein Kind von Traurigkeit war, hatte immer wieder mal versucht, seine Fühler in Richtung der Winzertochter auszustrecken, war aber bisher immer an der Abwehrmauer Henner Klüpfel gescheitert. Der Nachbar passte auf wie der sprichwörtliche Schießhund, dass Stefan dem Mädchen nicht zu nahe kam, weil er sich für seine Tochter einfach etwas Akademisches vorstellte. Was aber Stefan lediglich dazu animierte, seine diversen Bemühungen zu verstärken. Er hatte den Verdacht, dass Henner nur deshalb so ablehnend war, weil er seinerseits ein Auge auf Stefan Schwester geworfen hatte, die aber bisher alle seine Annäherungsversuche ignoriert hatte.

Um die Situation richtig einschätzen zu können, muss man wissen, dass Henner und Stefan passionierte Jäger waren, die in den Thüngerheimer Revieren ihrer Jagdleidenschaft nachgingen. Wie das mit Jägern und Anglern nun mal ist, manch einer leidet bei der Einschätzung seiner eigenen jagdlichen Fähigkeiten und Erfolge unter einem gewissen Realitätsverlust. Insbesondere Henner machte da keine Ausnahme. Wenn die beiden am Jägerstammtisch im „Wilden Bären" zusammen saßen und der Henner einige Schoppen intus hatte, legte sich über seine Erfolge eine Art Vergrößerungsglas, was dazu führte, dass er seine Fähigkeiten gerne sehr wortreich in einer überdimensionalen Perspektive schilderte. Die Männer des Stammtisches „Jäger, Angler und andere Lügner" kannten diese Sprüche schon in- uns auswendig und erduldeten sie in der diesem Menschenschlag eigenen Toleranz.

Eines Tages überraschte er seine Stammtischkollegen mit einer völlig neuen Fähigkeit. Er erklärte ihnen, dass es ihm möglich sei, am Geschmack den Unterschied zwischen einem Rehbock und einer Rehgeiß zu erkennen. Henner verstieg sich sogar zu der Aussage, dass er genau sagen könne, in welchem Teil des Reviers das Reh erlegt und mit welchem Kugelkaliber es geschossen worden sei. Die Diskussion wogte einige Zeit hin und her, weil natürlich die anderen Jäger diese Fähigkeit einstimmig erheblich in Frage stellten.

„Des is überhaupt ke Problem", beharrte Henner auf seiner Behauptung. „Ich kann der sogar am Gschmack des Alter von dem Reh sach."

Heftiges Gelächter erschütterte die Zwerchfelle der Waidmänner. Stefan, der heute etwas später zum Stammtisch gekommen war und daher noch nicht so viele Schoppen hatte wie seine Kollegen, sah den Henner mit zusammengekniffen Augen an, dann fragte er konkret nach, um ihn festzunageln: „Du behaupst also, du kannst des anhand von dem fertich zubereitete Rehbrate sach?"

„Awwer gwieß doch. Wenn des Reh noch sei Fell ahat, kann des doch jeder."

Stefan klopfte laut auf die Tischplatte. „Seid doch a mal ruhich." In der Runde trat Ruhe ein. „Henner, wenn du des behauptest, hast de doch sicher nix geche a Wette?" Er blickte den Winzer herausfordernd ins Gesicht.

Henner sah ihn etwas überrascht an, dann zuckte er heftig mit den Schultern. „Null Problemo. Awwer es muss a gscheider Wetteinsatz her! An welchen Betrach hast de denn gedacht?"

Stefan schüttelte den Kopf. „Nä, ke Geld. Wenn du verlierst, haste nix dageche, wenn ich deinere Anna-Maria a bissele den Hof mach."

Henner schluckte. Die anderen in der Runde sahen ihn erwartungsvoll an. Schließlich nickte er, dann entgegnete er: „Unn wenn ich gewinn, dann sechst du nix dageche, wenn ich a mal mit der Rosemarie ausgeh."

Stefan überlegte nicht lange. Seine Schwester war ein ziemlich harter Brocken. An der würde sich der Henner die Zähne ausbeißen. Außerdem war Stefan sehr sicher, dass er die Wette gewinnen würde.

„Unn, wie mache mer des jetzt?", warf Hans Wolf ein, er war der Älteste in der Runde und wurde von den anderen als Respektsperson akzeptiert. „Wie komme mer an des Reh? Es muss ja so sei, dass der Henner des nit mitkriecht, wo's gschosse worn is."

Es gab eine längere Diskussion über die Modalitäten der Wette. Schließlich einigte man sich darauf, dass Hans

Wolf und Rainer Brückner am kommenden Wochenende ins Revier ziehen würden, um ein Reh zu erlegen, gleich welchen Geschlechts. Das sollte dann von den beiden bei Hans Wolf in die Kühlung gehängt werden, bis Wolfs Ehegattin, Irene, es zu einem bestimmten Termin zubereiten sollte. Das Rezept sollte nichts extravagantes sein, richtig ordentliche Hausmannskost. Man einigte sich darauf, dass das Reh nur kurze Zeit in Spätburgunder eingelegt werden durfte, um den typischen Geschmack nicht zu verfälschen. Die beiden Jäger würden die Umstände der Erlegung, Geschlecht, Gewicht etc. schriftlich festhalten und beim Wirt des „Bären" hinterlegen. Der Rehbraten sollte dann unter Aufsicht des gesamten Stammtisches von Henner verkostet werden. Anschließend würde der Stammtisch den Braten gemeinschaftlich verzehren. Es sollte ja nichts umkommen.

Damit waren alle Regeln festgelegt und die Wette konnte ihren Lauf nehmen.

Es war klar, dass diese verrückte Vereinbarung innerhalb kürzester Zeit im Dorf die Runde machte. Auf diese Art und Weise erfuhren auch Anna-Maria und Rosemarie alle Einzelheiten von dieser Wette. Die Empörung der beiden Damen darüber, dass sie gewissermaßen die Siegesprämie dieser spinnerten Idee sein sollten, schlug hohe Wellen. Bei Klüpfels und Schlauers hing der Haussegen mehrere Tage gewaltig schief. Bis sich die beiden „Siegesprämien" im Dorf über den Weg liefen und sich miteinander unterhielten. Sie waren sich sehr schnell einig, dass sie gar nicht daran dachten, so über sich verfügen zu lassen. Sie beschlossen, den Herrschaften einen gehörigen Strich durch ihre Rechnung zu machen.

Die Vorbereitungen der Wette verliefen erfolgreich. Die beiden beauftragten Waidmänner erlegten tatsächlich in aller Heimlichkeit einen strammen Rehbock und schrieben die gewünschten Daten auf ein Blatt Papier nieder, das in einem Umschlag beim Wirt des Bären unter der Theke sicher verwahrt wurde.

Nach diesem ersten Akt wurde vom Stammtisch ein Termin für die Verkostung des Bratens festgelegt. Die Frau von Hans Wolf legte das Wildfleisch in einem schönen Spätburgunder ein und stellte es in eine am Haus angebaute Kühlkammer, in der Hans Wolf für gewöhnlich seine Jagdbeute aufbewahrte. Dort sollte das Wild einen Tag beizen, nicht länger. Sie hatte ein altes Kochbuch ihrer Mutter studiert und dort ein Hausrezept gefunden, nach dem sie den Braten zubereiten würde.

Während dieser Vorbereitungszeit geschahen in Thüngersheim zur Nachtzeit an verschiedenen Stellen seltsame Dinge.

Für die Einlösung der Wette stelle Hans Wolf seine große Jägerstube zur Verfügung, in der alle Stammtischbrüder am runden Tisch ausreichend Platz hatten. Man hatte als Datum einen Sonntag gewählt, weil ein Rehbraten bekanntlich ein Festessen ist, was die Stammtischler sich natürlich nicht entgehen lassen wollten. Die Wölfin, wie Irene Wolf von den Herren gelegentlich auch genannt wurde, hatte sich wirklich nicht lumpen lassen. Sie hatte einen riesigen Topf mit Klößen zubereitet und eine große Schüssel handgehobeltes Blaukraut gekocht.

Die Stammtischbrüder waren sich, als sie den Duft der Speisen schnupperten, darin einig, dass sie auf jeden Fall die Sieger dieser Wette waren, egal, wie diese dann tatsächlich ausging. Sonst waren die Herren Jäger ja nicht so großzügig mit einem Wildessen. Anna-Maria und Rosemarie hatten darauf bestanden, ebenfalls mit dabei sein zu dürfen, schließlich waren sie ja die „Siegestrophäen". Die Herrenrunde hatte keinen Einspruch erhoben. Henner und Stefan waren ziemlich aufgeregt. Hans Wolf und Rainer Brückner waren gemeinsam zum Bärenwirt marschiert und hatten den verschlossen Umschlag abgeholt. Der Wirt war ziemlich sauer, weil er eigentlich gedacht hatte, die Wette würde in seinem Wirtshaus ausgetragen. Was für ihn einen entsprechenden Umsatz bedeutet hätte.

Auf zwei großen Edelstahlplatten trugen Anna-Maria und Rosemarie den Rehbraten am Tag X auf den Tisch. Die Wölfin brachte zwei große Krüge mit Soße hinterher. Es war klar, dass Henner das erste Fleisch vorgelegt bekam, weil er schließlich sein Können unter Beweis stellen musste.

„Jetzt mach scho hin!", „Auf geht's!" oder „Schick dich, es Esse wird kalt!", kamen die aufmunternden Rufe von allen Seiten, als Henner sein Fleischstück auf dem

Teller mit wichtiger Miene hin und her schob. Doch der Winzer ließ sich nicht beirren. Er schob seine ausgeprägte Nase in den Duft, der von seinem Teller aufströmte und sog ihn mit halb geschlossenen Augen hörbar ein. Dann schnappte er sich Messer und Gabel und schnitt ein gehöriges Stück ab. In der Runde verstummte jedes Gespräch. Alle fixierten gebannt den selbsternannten Fachmann.

Langsam schob Henner das Bratenstück in seinen Mund und kaute demonstrativ.

Niemand achtete darauf, dass sich Anna-Maria, Rosemarie und Irene verstohlene Blicke zuwarfen.

„Jetzt sach halt a mal was!", brummte Hans Wolf, dem die wortlose Show von Henner langsam auf die Nerven ging. Die anderen stimmten ihm lautstark zu.

„Wahrscheinlich hat er ke Ahnung", gestattete sich Stefan Schlauer eine spitze Bemerkung.

„Aaalso …", stellte Henner Klüpfel mit vollem Mund fest, dann schluckte er hinunter. „Des is auf jeden Fall a mal a Rehbock gewäse. Des hat der Spätburgunder, in dem er offenbar eingelecht gewäse war, nit wechgebeizt."

Frau Wolf sah die fragenden Blicke der Stammtischbrüder und nickte zustimmend. „Des mit dem Spätburgunder stimmt."

Henner nahm einen neuen Bissen und kaute kurz darauf herum, dann erklärte er: „Also, ich tät sach, des is der alte Sechserbock, owe vom Hönich, auf den der Stefan scho zwämal danebe gschosse hat.

Gelächter in der Runde. Stefan zog eine Grimasse.

„Der Bock dürft so sechs bis siewe Jahr alt sei und hat sich da owe in erster Linie vom Rotklee ernährt, des kann mer deutlich schmeck", fuhr Henner mit wichtiger Miene fort. „A e bissle Maisgschmack kommt a no mit durch. Insgesamt schmeckt er scho a weng arch streng, aber trotzdem eindeutig."

„Unn mit welchere Patrone is er gschosse worn?", wollte Hans Wolf wissen, womit er Henner an einen wesentlichen Punkt seiner Wette erinnerte.

Henner Klüpfel nahm einen Schluck Wein, um seine Geschmacksnerven neu zu justieren, dann betrachtete er den Braten genauer. „Wenns a Blattschuss war, müsst ich a Stückle von der Stelle versuch, wo die Kugel durchgange is."

„Ein sauberer Blattschuss", bestätigte Hans Wolf und deutete auf das Rippenstück des Rehbratens.

Henner konnte zwar kein Einschussloch erkennen, schnitt aber trotzdem ein Stück aus dem gezeigten Bratenstück. Nach entsprechendem Kauerlebnis erklärte er dann mit fester Stimme: „Das war ein Projektil Kaliber 7 × 64!"

Ein Raunen ging durch die Runde. Stefan Schlauer drehte sich zu seiner Schwester um und raunte: „Der wäss ganz genau, dass der Wolfs Hans nur e Gewehr hat und sei Kaliber kennt er a. Des is a elender Schlawiner!"

Rosemarie zuckte nur mit den Schultern.

Henner legte sein Besteck zur Seite. „Also, ich hab

jetzt alles gsacht, was es zu sache gibt. Jetzt macht a mal den Umschlach uff, damit mer nachschau könne, ob ich gewonne hab." Er warf Rosemarie einen begehrlichen Blick zu.

Der verschlossene Umschlag wurde hervorgeholt. Hans Wolf zog sein Jagdmesser aus der Tasche und schlitzte ihn auf. Er faltete das zusammengelegte Blatt theatralisch auseinander und begann zu lesen. Plötzlich machte er große Augen und begann prustend zu lachen.

„Jetzt läs scho vor!", kam die empörte Aufforderung aus der Reihe der Stammtischbrüder, die zwischenzeitlich wirklich Sorge hatten, dass der Braten kalt werden könnte.

„Also, hört zu", rief Hans, wobei er sich immer wieder zusammenreißen musste, dass er nicht laut herausplatzte.

„Sehr geehrte Herren, wenn ihr denkt, ihr könnt über uns Wetten abschließen, wie über Rennpferde, habt ihr euch gewaltig geschnitten. Wir suchen uns unsere Männer, mit denen wir was anfangen wollen, noch immer selber aus. Was ihr hier auf eurem Teller habt, wird euch sicher bestens schmecken. Es ist nämlich der Hermann, der alte, stinkerte Ziegenbock vom Dorles Werner, den der grad zur richtigen Zeit geschlachtet hat, um daraus Salami zu machen, weil sei Fleisch zu sonst nichts mehr getaugt hat. Wir haben ihm den Bock abgeschwatzt und ihm dafür den Rehbock gegeben. Er hat sich wirklich gefreut. Die Irene war dann so nett und hat bei dem Spaß mitgemacht. Ohne sie und ihre Kochkünste hätten wir den Ziegenbock niemals so hingebracht, dass man ihn noch als Braten essen kann. Und jetzt wünschen wir euch noch einen guten Appetit! Denn was auf den Tisch kommt, wird auch gegessen!"

Einen Augenblick herrschte bleierne Stille im Raum, dann ging ein schallendes Gelächter los. Denn, über den Stammtisch der Jäger, Angler und sonstigen Lügner konnte man sagen, was man wollte, Spaß verstanden sie. Und der Hermann war auch nicht umsonst gestorben. Mannhaft wurde er verzehrt.

Bleibt noch anzumerken, dass der Stefan bei der Anna-Maria Gnade fand und sie sich dann doch mit ihm verabredete. Schließlich musste man als Frau anerkennen, wenn sich ein Kerl so um einen bemühte.

Der Henner hatte weniger Glück. Die Rosemarie blieb ihm gegenüber standhaft. Ein halbes Jahr später verliebte sie sich in einen Justizbeamten aus Würzburg. Der war sehr zuverlässig und machte auch nicht so viele Sprüche, weil er schon von Berufs wegen zur Wahrheit verpflichtet war.

DETTELBACH – ca. 7000 Einwohner, liegt am Main und in der Maingauklimazone, die als eine der trockensten und wärmsten Klimazonen Deutschlands gilt und daher für Weinanbau wie geschaffen ist. Bekannte Weinlagen sind Dettelbacher Honigberg, Dettelbacher Sonnenleite, Dettelbacher Berg-Rondell, deren Erzeugnisse von Weinliebhabern hoch geschätzt werden.

Auch nach Dettelbach zog es die Schoppenfetzer aus dem Würzburger Maulaffenbäck immer wieder mal zur Weinlese. Während sie sich in einer Pause den Hausschoppen des Winzers schmecken ließen, bekamen sie mit, wie sich zwei Erntehelfer über einen Streit unterhielten, der zwischen zwei ortsansässigen Familien schon seit Jahrzehnten schwelen würde.

Dr. Ritter schluckte einen Bissen seiner Brotzeit hinunter, dann meinte er: „Weil ich das gerade so höre. Da fällt mir ein Fall ein, den ich einmal während meiner Zeit als Zivilrichter zu verhandeln hatte. Damals kam ich zu der Erkenntnis, dass ein Streit zwischen zwei fränkischen

Familien durchaus nicht den Vergleich mit einer sizilianischen Vendetta scheuen musste. Das muss man wirklich gehört haben.

Selbstverständlich muss ich das Dienstgeheimnis wahren. Diese Geschichte hat natürlich nichts mit Dettelbach zu tun. Sie könnte aus jedem unterfränkischen Dorf stammen. Nennen wir die beiden Konfliktparteien einfach mal Streithansel gegen Streithansel."

Vendetta fränggisch

Es wird ja viel geschrieben über die schrecklichen Folgen der sizilianischen Vendetta, der Blutrache, die dazu geführt haben soll, dass in diesem italienischen Landstrich ganze Dörfer entvölkert wurden. Wurde einer Familie durch eine andere Familie eine Bluttat zugefügt, musste diese Familie diese Schändung der Familienehre mit Blut rächen usw. usw. Ein unendlicher, schrecklicher Kreislauf von Rache und Vergeltung, der zwischen Familienclans über viele Generationen hinweg praktiziert wurde. Selbst Kinder blieben davon nicht verschont. Da die meisten Bewohner in den Dörfern irgendwie miteinander verwandt waren, wurden sie früher oder später in diese tödliche Spirale von Mord und Totschlag mit hineingezogen.

Auch im Mainfränkischen kennt man bei der Landbevölkerung heftige Streitigkeiten zwischen Familien, die eine jahrelange, um nicht zu sagen jahrzehntelange Tradition haben. Zum Glück liegen die Ursachen dieser Fehden nur in den seltensten Fällen in einer Bluttat. Dies entspräche auch so gar nicht der eher etwas dickblütigeren Mentalität des Unterfranken. Manchmal waren es ganz triviale Auslöser, die zu einer über Generationen währenden Familienfehde geführt haben. Oft liegen die Gründe dafür so weit in der Vergangenheit, dass der eigentliche Auslöser dieser Streitigkeiten bei den sich aktuell bekämpfenden Generationen gar nicht mehr so richtig bekannt ist.

Halten wir einmal fest, dass hierzulande in der Regel nicht geschossen oder gemeuchelt wird. Aber auch im Frankenland gibt es Racheaktionen, die, wären sie vor den Kadi gebracht worden, den Verursachern einige Jährchen schwedische Gardinen eingebracht hätten. Bei aller Feindschaft waren sich die verstrittenen Parteien aber erstaunlicherweise immer stillschweigend darin einig, dass ihre Auseinandersetzung die Behörden überhaupt nichts anging. So etwas erledigt man selbst.

Nehmen wir als Beispiel einmal die Familien Streithansel und Streithansel (Name geändert), miteinander weder verwandt noch verschwägert. Der geschätzte Leser wird natürlich sofort ins Grübeln kommen, wie zwei Familien im selben Dorf gleichen Namens sein können, ohne miteinander verwandt zu sein. Auch das ist im Unterfränkischen kein ungewöhnliches Phänomen. Die Ursache hierfür liegt meist in grauer Vergangenheit, in einer Zeit, als die Dörfer eine geringe Bevölkerungsdichte aufwiesen, jenseits der Handelsrouten lagen und im Winter praktisch von der Umwelt abgeschlossen waren. Hinzu kam, dass das finstere Mittelalter de facto tatsächlich ziemlich lichtlos war und Kerzen ein wertvolles Gut darstellten, die man nur sehr sparsam einsetzte. Was blieb den Menschen anderes übrig, als mit den Hühnern ins Bett zu gehen? Was natürlich nicht heißen soll, dass das Federvieh mit unter die Strohsäcke kriechen durfte. Nein, man nahm das Federvieh nur als zeitliche Richtschnur, da diese Gattung bei schwindendem Tageslicht zur Ruhe geht und bei beginnender Morgendämmerung sein Eier legendes Tagewerk beginnt. Natürlich waren auch die Segnungen eines Zeitmessers gänzlich unbekannt. Hinzu trat der Umstand, dass es im Winter kalt, das Heizmaterial teuer, die Häuser schlecht gedämmt und die Anzahl der Räumlichkeiten, die dem Schlafe dienten, begrenzt waren. So rückte man eben zusammen. Der Bauer zur Bäuerin, der Knecht zur Magd, der Bruder zur Schwester, der Bauer zur Magd. Selbstverständlich waren auch alle anderen Kombinationen denkbar, wie zum Beispiel: Knecht zur Bäuerin, Magd zum Sohn etc. Durch die gesunde Lebensweise war die Fruchtbarkeit ausgesprochen hoch, so dass das Ergebnis dieser Wärmaktionen immer wieder mal inzestuöse Nachkommen waren. Diese Entwicklung wurde nur hin und wieder durch den Raub einer holden Weiblichkeit aus einem Nachbardorf durchbrochen, wodurch eine gewisse Blutauffrischung stattfand. Da in früheren Zeiten auf dem Lande die Ablegung des Abiturs oder die Absolvierung eines Studiums eher eine nachgeordnete Bedeutung hatten, es vielmehr auf die körperliche Leistungsfähigkeit des Individuums auf der heimischen Scholle ankam, war diese Entwicklung lange Zeit kein wirkliches Problem.

Jetzt stellen wir uns einmal vor, dass in dieser langen Kette von Leistungsträgern irgendwann einmal ein männliches Mitglied des Streithansel-Clans das Missgeschick hatte, eine Tochter der Bauernfamilie Knödeldödel aus dem eigenen Dorf während einer außerhäuslichen Wärmaktion zu schwängern. Natürlich wurde nach der Festlegung der Mitgift flugs geheiratet, so lange man das sich ankündigende freudige Ereignis noch irgendwie unter dem geschickt geschneiderten weißen Brautkleid verbergen konnte. Und schon wurde aus der Walfriede Knödeldödel eine Walfriede Streithansel. Da das Landleben lange Zeit ohne die Segnungen der modernen Zeit, sprich Fernsehen und Internet, auskommen musste, wuchs die Zahl der Kinder jährlich. Alle männlichen Abkömmlinge dieses Zweigs der Familie Streithansel heirateten wieder Frauen aus anderen Familien, wodurch sich der Name Streithansel zwar weiter fortsetzte, die Blutverdünnung jedoch dazu führte, dass irgendwann mit dem ursprünglichen Streithansel-Stamm keine Blutsverwandtschaft mehr bestand. Soweit, so gut.

Sagen wir einmal, wir schreiben das Jahr 1956. Die Folgen des Krieges schwächen sich immer mehr ab und die Menschen beginnen am neuen Wohlstand zu arbeiten. Diese Entwicklung geht natürlich auch an unseren Familien Streithansel nicht vorüber.

Nehmen wir weiter an, dass beide namensgleichen, aber nicht verwandten Streithansel-Familien landwirtschaftlich die Bullenzucht betrieben, weil die wachsende Bevölkerung ernährt werden wollte und die Nachfrage nach Fleisch stetig anstieg. Ein durchaus lukratives Geschäft also.

Neid und Missgunst sind auf dem Lande zwar selten, aber es kommt auch hier gelegentlich vor, dass einer dem anderen das Griebenschmalz auf dem Brot missgönnt.

Dem Landwirt Josef Streithansel (Urstamm) war es gelungen, in jahrelanger Pflege einen Bullen, den Henry, heranzuziehen, der im ganzen Landkreis seinesgleichen suchte, aber nie fand. Der Bulle wurde aufgrund seiner Eignung, versehen mit zahlreichen Auszeichnungen, für die Zucht eingesetzt und brachte seinem Besitzer ordentliches Geld.

Der Landwirt Oskar Streithansel (familiärer Nebenzweig) besaß ebenfalls ein Prachtexemplar von einem Bullen, den Hansi, der aber ärgerlicherweise jedes Mal auf Ausstellungen von Henry auf nachrangige Plätze verwiesen wurde.

Jetzt war Josef Streithansel (Urstamm) nicht gerade ein bescheidener Mensch. Er liebte es, bei allen passenden und unpassenden Gelegenheiten mit seinem Bullen Henry und dessen Zuchtergebnissen zu prahlen, als wäre er selbst der Erzeuger dieses Rindviechernachwuchses. Die Showbühne dieser Überheblichkeiten war der „Hirschen", die einzige Wirtschaft im Dorf, die von

Oskars Gattin Doris betrieben wurde. Dort am Stammtisch, wo die männliche Seele gegenüber Schmähungen sowieso besonders empfindsam ist, gewissermaßen auf eigenem Terrain, von Josef ständig hochgenommen zu werden, war für Oskar schlicht unerträglich. Als Josef eines Tages wieder einmal besonders herumtönte und mit mehreren provokanten Seitenhieben auf eine neuerliche Niederlage seines Namensvetters hinwies, lief dem die Galle über und er sann über eine pädagogische Möglichkeit nach, dies dem Namensvetter auszutreiben.

In der Nacht von Freitag auf Samstag erwachte Josef Streithansel (Urstamm) mitten in der Nacht, weil aus dem Stall lautes Brüllen zu hören war. Es dauerte einen Moment, ehe er registrierte, dass dies wohl aus der Box von Henry kam. Dann war er aber mit einem Satz aus dem Bett. Er sprang in seinen Blaumann, dann hastete er über den Hof in den Stall. Henry, sein ganzer Stolz, stand in seiner Box, brüllte gottserbärmlich und schlug mit seinen spitzen Hörnern gegen die Boxenwand. Josef konnte zunächst nicht entdecken, was die Ursache für Henrys Aufruhr war. Dann, als er sich über die Boxenwand lehnte, sah er es! Das Stroh unter Henrys Bauch war blutig! Als Josef die Ursache dafür entdeckte, stieß er ein wütendes Brüllen aus, das dem Henrys in nichts nachstand.

„Ich bring den Kerl um!" schrie Josef und starrte mit hervorquellenden Augen an die Stelle zwischen den Hinterläufen Henrys, wo noch vor kurzem seine ausgeprägte

Männlichkeit hing. Josef stand kurz vor dem Herzinfarkt. Irgend so ein verdammtes Schwein hatte den besten Bullen, der jemals in seinem Stall gestanden hatte, kastriert! Ihm einfach ohne Betäubung die besten Stücke abgeschnitten! Aus Henry eine Henriette gemacht!

Völlig fassungslos taumelte Josef aus dem Stall, um den Tierarzt anzurufen. Wenn auch sonst nichts mehr zu retten war, die Wunde musste unbedingt versorgt werden. Trotz seiner Wut dachte er keine Sekunde daran, auch die Staatsmacht einzuschalten. So etwas wurde innerdörflich geregelt und anschließend ging man zum Pfarrer zum Beichten, der dann mittels kirchlichem Schonwaschgang die Seele wieder von allen Sünden befreite.

Die Geschichte von der Entmannung des Zuchtbullen machte natürlich im Dorf die Runde wie ein Lauffeuer. Das Spektrum der Reaktionen der Dorfbewohner reichte von totaler Schadenfreude bis hin zu großer Anteilnahme.

Drei Tage später gab es in einem Haushalt des Dorfes in aller Heimlichkeit ein seltenes Festessen: Prärie-Austern. Ein Rezept für die Zubereitung von Stierhoden, das sich die Hausfrau aus einem texanischen Kochbuch abschaute.

Josef vergrub sich in seiner Stube und trauerte. Dabei kochte seine Wut im eigenen Saft. Das Ergebnis war ein fürchterlicher Racheschwur, da es für ihn keine Frage war, wer für diesen feigen Anschlag auf Henry verantwortlich war. Auch wenn es hierfür keinerlei Beweise gab.

Josef und Oskar wurden am Stammtisch nicht mehr gemeinsam gesehen. Die Kunde von der offen ausgebrochenen Fehde Streithansel gegen Streithansel beschäftigte hinter vorgehaltener Hand das ganze Dorf.

Trafen sich Angehörige beider Familien im Ort, wechselte man die Straßenseite.

Einige Monate später, bei der Ernte eines Weizenfeldes, trat Oskars Wallach Bruno, der einen Mähbinder zog, mitten im Feld in eine Egge, die dort mit den Zinken nach oben abgelegt worden war. Niemand wusste, wie dieses Ackergerät dort hingekommen war. Das Pferd, dem sich ein Zinken tief in den weichen Innenteil des Hufes gebohrt hatte, fiel für Wochen aus. Die Ernte musste mühsam von Hand eingebracht werden. Oskar hatte keine Zweifel, wo er den Verursacher suchen musste. Er nahm den Fehdehandschuh auf.

Ein Vorfall, der wiederum Monate später passierte, bewegte die Gemüter aufs Neue. Die beiden Hausfrauen Streithansel trafen sich durch einen unglückseligen Zufall im Tante-Emma-Laden des Dorfes. Als Doris dann den Laden verließ, blieb sie kurz vor Josefs Ehefrau stehen, funkelte sie wortlos an und spuckte dann vor ihr auf den Boden. Dies wurde von einigen anderen Frauen gesehen, die sofort die Buschtrommeln in Gang setzten. Eine Stunde später wusste es das ganze Dorf.

Eine Generation später, das Dorf dachte schon, die

Fehde wäre eingeschlafen, wiederholte sich der Vorfall mit der Egge. Diesmal traf es kein Pferd, sondern die Reifen des Traktors der Familie Streithansel (Urstamm), Nachkommen von Josef.

Jahre später hatte ein Nachfahre von Oskar Streithansel am Waldrand eine Christbaumkultur angelegt. Nachdem die Bäume fast einen Meter Höhe erreicht hatten, wurden ihnen in einer Nacht sämtliche Leittriebe abgezwickt. Wodurch die Bäume als Christbäume praktisch wertlos waren.

Wieder eine Dekade danach brannte während eines Gewitters die Feldscheune eines Nachfahren von Josef Streithansel nieder. Blitzeinschlag wurde vermutet – obwohl die Scheune einen Blitzableiter hatte.

Vor einer Woche eröffnete Christine Streithansel (Urstamm) ihrem Freund Dominik, dass sie schwanger sei. So weit, so gut. Beide waren im heiratsfähigen Alter, dem Glück stand eigentlich nichts mehr im Wege. Wenn … ja, wenn da nicht die Tatsache gewesen wäre, dass der gute Dominik mit Nachnamen Streithansel (Nebenzweig) hieß. Der Gang nach Canossa, sprich zu den jeweiligen Eltern, wurde von den beiden schweren Herzens in Angriff genommen, als sich das freudige Ereignis optisch nicht mehr verbergen ließ.

Die beiden Oberhäupter des jeweiligen Familienzweigs schäumten und tobten, fluchten und schimpften, drohten mit Enterbung und Verdammnis. Da die beiden aber das jeweils einzige Kind ihrer Familie waren, gingen die angedrohten Repressalien der Alten ziemlich ins Leere.

Irgendwann ergriffen dann die Mütter die Initiative und setzten sich zu einem Gespräch zusammen. Sie beschlossen die alte Fehde zu beenden, zumal sie wirklich nicht mehr wussten, was der eigentliche Anlass gewesen war. Am Ende wurde der Hochzeitstermin festgesetzt und die beiden streitbaren Familienoberhäupter erfuhren nicht zum ersten Mal ganz knallhart, wer in der Familie wirklich das Sagen hatte.

Einige Monate später verkündete das fröhliche Krähen eines Neugeborenen der Familie Streithansel (Urstamm/Nebenzweig) den Beginn einer neuen streitfreien Ära der Streithanseldynastie im Dorf.

Einmal im Monat stand auf der Speisenkarte des „Hirschen", der mittlerweile längst in andere Pächterhände übergegangen war, eine dort beliebte Spezialität, die man vom Vorpächter übernommen hatte: Prärie-Austern. Eine Delikatesse, die zahlreiche Gäste aus der näheren und weiterer Umgebung anzog. Eine kulinarische Tradition, deren Ursprung sich allerdings keiner mehr erklären konnte.

VOLKACH – ca. 9.200 Einwohner, am Main gelegen ist ein Kerngebiet des mainfränkischen Weinanbaus. Die Weinberge um Volkach gelten als Zentrum unterfränkischen Silvaneranbaus, der im 17. Jahrhundert erstmals urkundlich belegt ist. Wen wundert es, dass auch noch heute diese Rebsorte den Schwerpunkt des Weinanbaus in der Region um Volkach darstellt. Eine sehr bekannte Weinlage ist der Volkacher Kirchberg. Auf ihm befindet sich auch die Wallfahrtskirche Maria im Weingarten, die die von Tilman Riemenschneider geschaffene Madonna im Rosenkranz beheimatet.

*Die Mitglieder des Stammtisches „Die Schoppenfetzer",
die ja nicht nur Weinliebhaber waren, sondern auch
kunstsinnige Menschen, statteten der Wallfahrtskirche
immer, wenn sie zur Lese in den umgebenden Weinbergen
eingeladen waren, gerne einen Besuch ab, um das Werk
des berühmten Würzburger Bildhauers zu bewundern.
Bei dieser Gelegenheit kam es dann schon mal vor, dass sie
mit Touristen ins Gespräch kamen, denen sie gerne Aus-*

kunft erteilten. Dabei wurden sie immer wieder auf den unterfränkischen Dialekt angesprochen, den sie natürlich stolz pflegten. Ron Schneider tat sich dabei besonders als Experte hervor, der sich irgendwann entschlossen hatte, seine Kenntnisse in einer Abhandlung zusammenzufassen ...

Unterfränggisch für Anfänger

Der heranwachsende Unterfranke steht in seiner sprachlichen Entwicklung irgendwann vor dem Scheideweg, einerseits seine überdurchschnittliche rhetorische Begabung und anderseits seinen bescheidenen, zurückhaltenden Charakter miteinander in Einklang bringen zu müssen. Um in der Außenwirkung den Anschein von Schroffheit, Wortkargheit oder gar dümmlicher Sprachunfähigkeit zu vermeiden, haben sich in der historischen Entwicklung sprachliche Ausdrucksformen herauskristallisiert, die allen praktischen Erfordernissen gerecht werden und auch von nichtunterfränkischen Ausländern verstanden werden. Bemerkenswerterweise auch von Ober- und Niederbayern, deren Sprache sich ja eher im Gutturalen, Kehligen abspielt.

Es wäre eine unlösbare Aufgabe, im Rahmen einer solchen Abhandlung auf das gesamte sprachliche Spektrum unterfränkischer Rhetorik eingehen zu wollen. Exemplarisch seien doch einige besonders prägnante Sprachschöpfungen herausgegriffen, wobei man als Sprachenforscher feststellen muss, dass hier die ländliche Bevölkerung den Stadtbewohnern, was Schlichtheit und Spracheffizienz betrifft, um einiges voraus ist. Dies liegt wohl daran, dass in früheren Zeiten bei der harten Arbeit auf dem Feld der Atem für lange Erklärungen einfach nicht vorhanden war und deshalb aus pragmatischen Gründen sprachliche Symbollaute an deren Stelle treten mussten.

Typisch für die unterfränkische Kurzform bestimmter Worte ist die Verwendung von klingenden Vokalen oder Selbstlauten, als da wären: a, e, i, o, u. Besonders häufig finden wir jedoch Umlaute, die da sind: ä, ö, ü. Dies liegt wohl daran, bezogen auf das vorgenannte Beispiel „Kräfteersparnis auf dem Feld", dass bei der Artikulation dieser Laute der Luftstrom ungehindert ausströmen konnte. Der Laut konnte selbst beim angestrengten, rhythmischen Atmen, gewissermaßen beiläufig erzeugt werden, ohne den Atmenden zusätzlich zu belasten und in der Leistungsfähigkeit zu schwächen.

Bilden wir ein Beispiel: Landwirt Anton ist mit seinem Sohn Wolfgang seit Stunden beim Hacken der Zuckerrüben. Eine Arbeit, die auch heute noch händisch erledigt werden muss. Rhythmisch wird flott dahin gearbeitet, beide befinden sich in Harmonie mit ihren Hackbewegungen und ihrem Atem. Plötzlich stellt der Sohn ausatmend eine Frage: „Langts?" Was so viel bedeutet wie „Hast du auch genug für heute?" Womit der Sohn dem Vater signalisieren will, dass er am Ende seiner Motivation angekommen ist und gerne nach Hause möchte.

Der Vater, der sich nicht aus dem Rhythmus bringen lässt, stößt mit dem ausgeatmeten Luftstrom nur ein breites „Näää" heraus, womit er sagen will: „Nein, wir werden das Feld heute noch fertig hacken."

Bei Vater und Sohn haben diese intelligenten, sprachlichen Kurzformen eine massive Unterbrechung des Atemrhythmus verhindert. Wobei das prägnante „Näää" des Vaters zudem seine Dominanz zum Ausdruck bringt und damit disziplinierend wirkt.

Lassen Sie mich die Genialität dieser sprachlichen Entwicklung im unterfränkischen Raum anhand eines weiteren Beispiels unterstreichen, diesmal aus dem städtischen Bereich.

Das seit sieben Jahren verheiratete unterfränkische Ehepaar Chandal und Patrick L. liegt nach einem harten Arbeitstag im ehelichen Schlafgemach im Bett. Nachdem das aktuelle Fernsehprogramm für Patrick heute keinen Fußball und für Chandal keine Familiensoap anbot, erwägt Patrick, heute wieder einmal seinen ehelichen Pflichten näher zu treten. Folglich macht er seiner Angetrauten, die sich gerade noch einen Artikel über das englische Königshaus aus der Zeitschrift „Die Frau im goldenen Spiegel" zu Gemüte führt, einen entsprechenden Antrag: „Schätzle, geht was?", was in dieser Situation keiner näheren Erläuterung bedarf. Chandal ist klar, dass das ihr eigentlich auf der Zunge liegende, dominante „Näää", auf ihren sensiblen Ehegatten viel zu brüskierend wirken würde. Sie wählt daher das etwas verbindlichere „Nööö", das nur mit einem runden, zu einer leichten Schnute geformten Mund gebildet werden kann. Es klingt dadurch wesentlich verbindlicher und vermittelt ihm letztlich mit einem gewissen Bedauern: „Eigentlich würde ich ja schon gerne, aber leider habe ich meine Migräne." Damit ist aus diesem kurzen Dialog alle Spannung herausgenommen und Patrick kann sich mit der Gewissheit, ein rücksichtsvoller, dabei pflichtbewusster Ehemann zu sein, der Lektüre seines Fußballmagazins widmen.

Extrem wichtig für die sprachliche Verständigung, insbesondere auf dem Land, sind auch kurze und prägnante Richtungsangaben. Hier hat der Unterfranke dialektisch eine Meisterleistung vollbracht. Soll ein Mensch von irgendwo nach irgendwo hinübergehen, dann geht er nü. Soll er hingegen von irgendwo nach irgendwo herüberkommen, dann bewegt er sich rü. Kürzer und verständlicher geht es einfach nicht mehr.

Es ist immer wieder erstaunlich, wie das Volk, das das hart klingende, rollende R erfunden hat, beim Gebrauch bestimmter anderer Konsonanten einerseits seine im Kern bestehende Weichheit verrät, andererseits aber auch eine gewisse stimmliche Unwucht zeigt, deren evolutionärer Ursprung bisher noch nicht geklärt werden konnte.

Gemeint sind hier schwerpunktmäßig die Konsonanten d und t, b und p. Eine etwas gewagte, aber durchaus nachvollziehbare Theorie besagt Folgendes: Der Urahn des Unterfranken, der homo frankonikus, spaltete sich aufgrund seiner geradezu explodierenden Intelligenz, gewissermaßen als Hochbegabter, irgendwann vom homo sapiens ab. Dabei blieb die Entwicklung der Sprachorgane etwas hinter der übrigen stürmischen Entwicklung zurück, was sich insbesondere bei der Verwendung der Konsonanten t und p zeigte. Da der homo frankonikus bei der Aussprache der eigentlich hart auszusprechenden Mitlaute regelmäßig seine Stammesmitglieder heftig bespuckte, und ihm daher die Ächtung drohte, erfand er das harte d und das harte b. Eine genial einfache Lösung dieses Problems, die nur aufgrund seiner überragenden Intelligenz möglich war und sich bis in die heutige Zeit bewährt hat. Leider hilft dies nicht in allen Bereichen des täglichen Lebens. Beispielsweise wurde eigens für den unterfränkischen Reporter das mit Schaumgummi umhüllte Mikrofon erfunden, da dieses bei Bedarf mehrmals am Tage durch kurzes Auswaschen vom Speichel befreit werden kann.

Lassen Sie mich aber noch auf eine andere sprachliche Besonderheit eingehen, die so nur im Unterfränkischen beobachtet werden kann. Das ist der unterfränkische Plural, der es bei näherer Betrachtung in sich hat. Auch er dient einer Sprachvereinfachung, wie sie beispielsweise auch die italienische Sprache vom Unterfränkischen stark simplifizierend übernommen hat. Jeder von uns kennt uno Espresso, singular, und due Espressi, plural. Ein typisches Beispiel für Unterfranken ist der Hund (singular) und die Hünd (plural).

Der Unterfranke hat zudem noch die charmante Möglichkeit, mit den Zusätzen le und li arbeiten zu können, beispielsweise das Hündle, die Hündli, wodurch manche als etwas grob erscheinende Aussage erheblich abmildert wird.

Auch hier wieder einige Bespiele: Der Unterfranke hat in der Beziehung ein Schätzle – übrigens haben dies sprachlich die Schwaben von uns abgekupfert –, hat er deren mehrere, sind es Schätzli. Nach der Eheschließung hat er ein Fraule, sind es deren mehrere, dann sind es Frauli, was aber letztlich auf einen Witwer oder gar einen Bigamisten schließen lässt und daher zumindest bei Letzterem problematisch sein dürfte.

Hätten die Italiener das übernommen, würde es dann bei obigem Sprachbeispiel uno espressole bzw. due espressili heißen müssen. Hier waren die Italiener nicht konsequent.

Interessant wird das Spiel, wenn der Unterfranke diese Worte zusätzlich noch als Metaphern nutzt, man also den Wortsinn hinter dem Wortsinn suchen muss. Beispielsweise schlafen viele Unterfranken um die Mittagszeit gerne mal ein Stündle, was aber durchaus bedeuten kann, dass daraus Stündli werden. Was anderes ist es, wenn der Unterfranke konkret von einer Stunde Schlaf spricht, dann hält er sich in der Regel auch an diese Festlegung.

Ähnlich gestaltet es sich, wenn der Schoppenfetzer seiner geschätzten Gattin mitteilt, dass er ein Schöpple trinken gehen will. Man kann dann davon ausgehen, dass es dann eher eine unbekannte Zahl Schöppli wird, die, so niedlich das klingt, am nächsten Tag dank einem ausgewachsenem Äffle zu einem gewaltige Katerle mit heftige Kopfschmerzli führen können.

Nach all diesen Ausführungen kann man sich sicher vorstellen, welche intellektuelle Leistung unsere unterfränkischen Kinder in der Schule erbringen müssen, um sich von der lieblichen unterfränkischen Muttersprache zu lösen und die fantasielose Welt des Hochdeutschen zu betreten. Italienisch würde ihnen sicher näher liegen, weshalb man hinsichtlich ihrer Leistungsfähigkeit auch sinnvollerweise Tests aus Pisa eingeführt hat.

Bibliografische Information der Deutschen Nationalbibliothek

Die Deutsche Nationalbibliothek verzeichnet diese Publikation
in der Deutschen Nationalbibliografie; detaillierte bibliografische
Daten sind im Internet über http://dnb.d-nb.de abrufbar.

Gestaltung Peter Hellmund
Druck und Bindung Friedrich Pustet KG, Regensburg
ISBN 978-3-429-03470-2